吳王濞列傳第四十六　史記一百六

索隱曰五宗之國俱享大邦雖復逆亂萌心取汧朝典豈可謂非青社之國哉然淮南猶有後不絕衡山亦其罪蓋輕比三卿之分晉方暴秦之滅周可不優乎安得出其王國不上同五宗三王列於世家其吳濞請與楚元王同為一篇淮南宜與齊悼惠王為一篇

吳王濞者索隱曰案濞濞字也音披位反高帝兄劉仲之子也徐廣曰仲名喜高帝已定天下七年立劉仲為代王而匈奴攻代劉仲不能堅守棄國亡間行走雒陽索隱曰謂獨行從他道逃走閒音紀閑反自歸天子天子為骨肉故不忍致法廢以為郃陽侯索隱曰地理志馮翊縣名在郃水之陽音合○正義曰郃陽故城在同州河西縣南三十里高帝十一年秋淮南王英布反東并荊地劫其國兵西度淮擊楚高帝自將往誅之劉仲子沛侯濞年二十有氣力以騎將從破布軍蘄西會甀索隱曰地名也在蘄縣之西會音古兌反甀音錘布走荊王劉賈為布所殺無後上患吳會稽輕悍無壯王以填之索隱曰填音鎮諸子少乃立濞於沛為吳王徐廣曰十二年十月辛丑王三郡五十三城已拜受印高帝召濞相之謂曰若狀有反相心獨悔業已拜因拊其背索隱曰拊音撫告曰漢後五十年東南有亂者豈若邪徐廣曰漢元年至景帝三年反五十有三年駰案應劭曰克期五十占者所知若秦始皇東巡以猒氣後劉項起東南疑當如此耳如淳曰度其貯積足用為難又吳楚世不賓服○索隱曰案應氏之意以後五十年東南有乱本是

占氣者所說高祖素聞此說自以前難未弭恐後灾更生故說此言更以戒濞如淳之說亦合事理然天下
同姓爲一家也慎無反濞頓首曰不敢會孝惠
高后時天下初定郡國諸侯各務自拊循其民
吳有豫章郡銅山韋昭曰今故章○索隱曰案鄣郡後改曰故章或稱豫章爲衍字也○正
義括地志云秦兼天下以爲鄣郡今湖州長城縣西南八十里故章城是也銅山今宣州及潤州句容縣有並屬章也
濞則招致天下亡命者盜鑄錢煑海水爲鹽以
故無賦正義曰按既盜鑄錢何以收其利足國之用吳國之民又何得無賦如說非也言吳國山既出銅民
多盜鑄錢及煑海水爲鹽以山海之利不賦之故言無賦也其民無賦國用乃富饒也國用富饒
如淳曰鑄錢煑鹽收其利以足國用故無賦於民孝文時吳太子入見索隱曰姚氏案
楚漢春秋云吳太子名賢字德明得侍皇太子飲博吳太子師傅

皆楚人輕悍又素驕博爭道不恭皇太子引博
局提吳太子殺之索隱曰提音啼又音底又音弟於是遣其喪歸
葬至吳吳王慍曰正義曰於問反怨也天下同宗死長安即
葬長安何必來葬爲復遣喪之長安葬吳王由
此稍失藩臣之禮稱病不朝京師知其以子故
稱病不朝驗問實不病諸吳使來輒繫責治之
吳王恐爲謀滋甚及後使人爲秋請應劭曰冬當斷獄秋先請
擇其輕重也孟康曰律春曰朝秋曰請如古諸侯朝聘也如淳曰濞不得行使人代己致請禮也○索隱曰音淨孟說是
也應劭所云斷獄先請不知何憑如淳云代已致請亦是臆說且文云使人爲秋請謂使人爲此秋請之禮也上復
責問吳使者使者對曰王實不病漢繫治使者

數輩以故遂稱病且夫察見淵中魚不祥張晏曰喻人君不當見盡下之私○索隱曰案此語見韓子及文子韋昭曰知臣下陰私使憂患生變爲不祥故當赦宥使自新也今王始詐病及覺見責急愈益閉恐上誅之計乃無聊唯上棄之而與更始於是天子乃赦吳使者歸之而賜吳王几杖老不朝吳得釋其罪謀亦益解然其居國以銅鹽故百姓無賦索隱曰案吳國有鑄錢煑鹽之利故百姓不別徭賦也卒踐更輒與平賈漢書音義曰以當爲更卒出錢三百文謂之過更自行爲卒爲之踐更吳王欲得民心爲卒雇者其庸隨時月與平賈如漢桓靈時有所興作以少府錢借民比也○索隱曰案漢律卒更有三踐更居更過更也此言踐更輒與平賈者謂爲踐更合自出錢今王欲得人心乃與平價官讎之也○正義曰踐更若今唱更行更者也言民自著卒更有三品有卒更有踐更有過更古者正卒無常人皆當迭之是爲卒更貧者欲故更錢者次直者出錢顧之月二千是爲踐更天下人皆直戍邊三月亦各爲更律所謂繇戍也雖丞相子亦在戍邊之調不可人人自行三月戍又行者出錢三百入官官給戍者是爲過更此漢初因秦法而行之後改爲謫乃戍邊一歲歲時存問茂材賞賜閭里佗郡國吏欲來捕亡人者訟共禁弗予徐廣曰訟音松駰按如淳曰訟公也○正義曰訟音容言其相容禁止不與也如此者四十餘年正義曰言四十餘年者太史公盡言吳王一代行事也漢書作三十餘年而班固見其語在孝文之代乃減十年是班固不曉其理也以故能使其衆鼂錯爲太子家令得幸太子數從容言吳過可削數上書說孝文帝文帝寬不忍罰以此吳日益橫及孝景帝即位錯爲御史大夫說上曰昔高帝初定天下昆弟少諸子弱大封同姓

[illegible]

[illegible]

[illegible]

[illegible]

[illegible]

[illegible]

[illegible]

[illegible]

[illegible]

[illegible]

[illegible]

[illegible]

故王孽子悼惠王王齊七十餘城庶弟元王王楚四十餘城兄子濞王吳五十餘城封三庶孽分天下半今吳王前有太子之郄詐稱病不朝於古法當誅文帝弗忍因賜几杖德至厚當改過自新乃益驕溢即山鑄錢 索隱曰案即山山名又即者就也 煑海水爲鹽誘天下亡人謀作亂今削之亦反不削之亦反削之其反亟禍小不削反遲禍大三年冬楚王朝鼂錯因言楚王戊往年爲薄太后服私姦服舍 服虔曰服舍在喪次而私姦宮中也 請誅之詔赦罰削東海郡因削吳之豫章郡會稽郡及前二年趙

王有罪削其河間郡 索隱曰案漢書作常山郡也 膠西王卬以賣爵有姦削其六縣漢廷臣方議削吳吳王濞恐削地無已因以此發謀欲舉事念諸侯無足與計謀者聞膠西王勇好氣喜兵諸齊皆憚畏 韋昭曰故爲齊今分爲國者膠東濟北之屬 於是乃使中大夫應高誂膠西王 索隱曰誂音徒鳥反 無文書口報曰吳王不肖有宿夕之憂不敢自外使喻其驩心王曰何以教之高曰今者主上興於姦飾於邪臣好小善聽讒賊擅變更律令侵奪諸侯之地徵求滋多誅罰良善日以益甚里語有之舐糠及米 索隱曰案言舐糠盡則至

米謂削土盡則至滅國也吳與膠西知名諸侯也一時見察恐不得安肆矣吳王身有內病不能朝請二十餘年嘗患見疑無以自白今脅肩累足猶懼不見釋竊聞大王以爵事有適正義曰張革反所聞諸侯削地罪不至此此恐不得削地而已王曰然有之子將奈何高曰同惡相助同好相留同情相成同欲相趨同利相死今吳王自以為與大王同憂願因時循理棄軀以除患害於天下億亦可乎王瞿然駭曰索隱曰劉氏瞿音九具反又說文云瞿遠視貌音九縛反寡人何敢如是今主上雖急固有死耳安得不戴高曰

御史大夫鼂錯熒惑天子侵奪諸侯蔽忠塞賢朝廷疾怨諸侯皆有倍畔之意人事極矣彗星出蝗蟲數起此萬世一時而愁勞聖人之所以起也索隱曰案所謂殷憂以啓明聖也故吳王欲內以鼂錯為討外隨大王後車彷徉天下所鄉者降所指者下天下莫敢不服大王誠幸而許之一言則吳王率楚王略函谷關守滎陽敖倉之粟距漢兵治次舍須大王大王有幸而臨之則天下可并兩主分割不亦可乎王曰善高歸報吳王吳王猶恐其不與乃身自為使使於膠西面結之膠西

羣臣或聞王謀諫曰承一帝至樂也今大王與吳西鄉弟令事成兩主分爭患乃始結諸侯之地不足爲漢郡什二而爲畔逆以憂太后非長策也（文穎曰王之太后也）王弗聽遂發使約齊菑川膠東濟南濟北皆許諾而曰城陽景王有義攻諸呂勿與事定分之耳（徐廣曰爾時城陽恭王喜景王之子）諸侯既新削罰振恐多怨鼂錯及削吳會稽豫章郡書至則吳王先起兵膠西正月丙午誅漢吏二千石以下膠東菑川濟南楚趙亦然遂發兵西齊王後悔飲藥自殺畔約濟北王城壞未完其郎中令劫守其王不得發兵膠西爲渠率膠東菑川濟南共攻圍臨菑趙王遂亦反陰使匈奴與連兵七國之發也吳王悉其士卒下令國中曰寡人年六十二（徐廣曰吳王封吳四十二年矣）身自將少子年十四亦爲士卒先諸年上與寡人比下與少子等者皆發發二十餘萬人南使閩越東越東越亦發兵從孝景帝三年正月甲子初起兵於廣陵（徐廣曰荆王劉賈都吳吳王移廣陵也）西涉淮因幷楚兵發使遺諸侯書曰吳王劉濞敬問膠西王膠東王菑川王濟南王趙王楚王淮南王衡山王廬江王故長沙王

子徐廣曰吳芮之玄孫靖王著以文帝七年卒無嗣國除駰案如淳曰吳芮後四世無子國除無子二人爲列侯不得嗣王志將不滿故誘與之反也幸教寡人以漢有賊臣無功天下侵奪諸侯地使吏劾繫訊治以僇辱之爲故漢書音義曰故事也○正義曰按專以僇辱諸侯爲事不以諸侯人君禮遇劉氏骨肉絕先帝功臣進任姦宄詿亂天下正義曰詿音挂欲危社稷陛下多病志失不能省察欲舉兵誅之謹聞教敝國雖狹地方三千里人雖少精兵可具五十萬寡人素事南越三十餘年其王君皆不辭分其卒以隨寡人又可得三十餘萬寡人雖不肖願以身從諸王越直音值長沙者索隱曰謂其境相接

也因王子定長沙以北如淳曰南越直長沙者因王子定也○索隱曰案謂南越之地與長沙地相接值者因長沙王子以定長沙以北也西走蜀漢中正義曰走音後向也王子長沙王子也南越之地對長沙之南者其民因王子卒而鎮定長沙以北西向蜀及漢中咸委王子定矣告越如淳曰告東越使定之楚王淮南三王與寡人西面正義曰越東越也又告東越楚淮南三王與吳王共西面擊之三王謂淮南衡山廬江也齊諸王與趙王定河閒河內或入臨晉關正義曰今蒲津關或與寡人會雒陽燕王趙王固與胡王有約燕王北定代雲中摶胡衆索隱曰摶音專專謂專統領胡兵入蕭關正義曰今名隴山關在原州平涼縣界走長安匡正天子以安高廟願王勉之楚元王子淮南三王或不沐洗十餘年怨入骨髓欲一有

所出之久矣寡人未得諸王之意未敢聽今諸王苟能存亡繼絶振弱伐暴以安劉氏社稷之所願也敝國雖貧人節衣食之用積金錢脩兵革聚穀食夜以繼日三十餘年矣凡爲此願諸王勉用之能斬捕大將者賜金五千斤封萬戸列將三千斤封五千戸裨將二千斤封二千戸二千石千斤封千戸千石五百斤封五百戸皆爲列侯其以軍若城邑降者卒萬人邑萬戸如得大將人戸五千如得列將人戸三千如得裨將人戸千如得二千石其小吏皆以差次受爵

金佗封賜皆倍軍法（服虔曰封賜倍漢之常法）其有故爵邑者更益勿因願諸王明以令士大夫弗敢欺也寡人金錢在天下者往往而有非必取於吳諸王日夜用之弗能盡有當賜者告寡人寡人且往遺之敬以聞七國反書聞天子天子乃遣太尉條侯周亞夫將三十六將軍往擊吳楚遣曲周侯酈寄擊趙將軍欒布擊齊大將軍竇嬰屯滎陽監齊趙兵吳楚反書聞兵未發竇嬰未行言故吳相袁盎盎時家居詔召入見上方與晁錯調兵笇軍食上問袁盎曰君嘗爲吳相知吳臣

田禄伯爲人乎今吴楚反於公何如曰不足憂也今破矣上曰吴王即山鑄錢煮海水爲鹽誘天下豪桀白頭舉事若此其計不百全豈發乎何以言其無能爲也袁盎對曰吴有銅鹽利則有之安得豪桀而誘之誠令吴得豪桀亦且輔王爲義不反矣吴所誘皆無賴子弟亡命鑄錢姦人故相率以反鼂錯曰袁盎策之善上問曰計安出盎對曰願屏左右上屏人獨錯在盎曰臣所言人臣不得知也乃屏錯錯趨避東廂恨甚上卒問盎盎對曰吴楚相遺書曰高帝王子弟各有分地今賊臣鼂錯擅適過諸侯索隱曰適音直革反又音宅削奪之地故以反爲名西共誅鼂錯復故地而罷方今計獨斬鼂錯發使赦吴楚七國復其故削地則兵可無血刃而俱罷於是上嘿然良久曰顧誠何如吾不愛一人以謝天下盎曰臣愚計無出此願上孰計之乃拜盎爲太常正義曰今盎爲太常史失奉宗廟之指意吴王弟子德侯爲宗正徐廣曰名通其父名廣駰案漢書曰吴王弟子德侯廣爲宗正也盎裝治行後十餘日上使中尉召錯紿載行東市錯衣朝衣斬東市則遣袁盎奉宗廟宗正輔親戚正義曰以親戚之意輔漢訓諭使告吴如

盎策至吳吳楚兵已攻梁壁矣宗正以親故先
入見諭吳王使拜受詔吳王聞袁盎來亦知其
欲說己笑而應曰我已爲東帝尚何誰拜不肯
見盎而留之軍中欲劫使將盎不肯使人圍守
且殺之盎得夜出步亡去走梁軍遂歸報條侯
將乘六乘傳（正義曰上音乘下竹戀反）會兵滎陽至雒陽見劇
孟喜曰七國反吾乘傳至此不自意全（正義曰言不自意洛陽得全及見劇孟）又以爲諸侯已得劇孟劇孟今無動吾
據滎陽以東無足憂者至淮陽問父絳侯故客
鄧都尉曰策安出客曰吳兵銳甚難與爭鋒楚

兵輕（正義曰輕正反）不能久方今爲將軍計莫若引兵
東北壁昌邑以梁委吳吳必盡銳攻之將軍深
溝高壘使輕兵絕淮泗口塞吳饟道彼吳梁相敝
而糧食竭乃以全彊制其罷極破吳必矣條侯
曰善從其策遂堅壁昌邑南（正義曰在曹州城武縣東北四十二里也）輕
兵絕吳饟道吳王之初發也吳臣田祿伯爲大
將軍田祿伯曰兵屯聚而西無佗奇道難以就
功臣願得五萬人別循江淮而上收淮南長沙
入武關與大王會此亦一奇也吳王太子諫曰
王以反爲名此兵難以藉人藉人亦且反王奈

何且擅兵而別多佗利害未可知也（蘇林曰祿伯儻將兵降漢自爲已利於吳爲生患也）徒自損耳吳王即不許田祿伯吳少將桓將軍說王曰吳多步兵步兵利險漢多車騎車騎利平地願大王所過城邑不下直棄去疾西據雒陽武庫食敖倉粟阻山河之險以令諸侯雖毋入關天下固已定矣即大王徐行留下城邑漢軍車騎至馳入梁楚之郊事敗矣吳王問諸老將老將曰此少年椎鋒之計可耳安知大慮乎於是王不用桓將軍計吳王專并將其兵未度淮諸賓客皆得爲將校尉候司馬獨

周丘不得用周丘者下邳人亡命吳酤酒無行吳王濞薄之弗任周丘上謁說王曰臣以無能不得待罪行閒臣非敢求有所將願得王一漢節必有以報王王乃予之周丘得節夜馳入下邳下邳時聞吳反皆城守至傳舍召令令入戶使從者以罪斬令遂召昆弟所善豪吏告曰吳反兵且至至屠下邳不過食頃今先下家室必完能者封侯矣出乃相告下邳皆下周丘一夜得三萬人使人報吳王遂將其兵北略城邑比至陽城（正義曰地理志云城陽國故齊漢文帝二年別爲國屬兗州）兵十餘萬破蕩城中

尉軍聞吳王敗走自度無與共成功即引兵歸下邳未至疽發背死二月中吳王兵旣破敗走於是天子制詔將軍曰蓋聞爲善者天報之以福爲非者天報之以殃高皇帝親表功德建立諸侯幽王悼惠王絶無後孝文皇帝哀憐加惠王幽王子遂悼惠王子卬等令奉其先王宗廟爲漢藩國德配天地明並日月吳王濞倍德反義誘受天下亡命辠人亂天下幣如淳曰幣錢也以私錢淆乱天下錢也稱病不朝二十餘年有司數請濞罪孝文皇帝寬之欲其改行爲善今乃與楚王戊趙王

遂膠西王卬濟南王辟光菑川王賢膠東王雄渠約從反爲逆無道起兵以危宗廟賊殺大臣及漢使者迫劫萬民夭殺無罪燒殘民家掘其丘冢甚爲暴虐今卬等又重逆無道燒宗廟鹵御物如淳曰鹵抄掠也宗廟在郡縣之物皆爲御物○正義曰顔師古曰御物宗廟之服器也朕甚痛之朕素服避正殿將軍其勸士大夫擊反虜擊反虜者深入多殺爲功斬首捕虜比三百石以上者皆殺之無有所置正義曰置放釋也敢有議詔及不如詔者皆要斬初吳王之度淮與楚王遂西敗棘壁正義曰在宋州寧陵縣西南七十里乘勝前銳甚梁孝王

恐遣六將軍擊吳又敗梁兩將士卒皆還走梁梁數使使報條侯求救條侯不許又使使惡條侯於上上使人告條侯救梁復守便宜不行梁使韓安國及楚死事相弟張羽為將軍徐廣曰楚相張尚諫王而死○正義曰按羽尚弟也乃得頗敗吳兵吳兵欲西梁城守堅不敢西即走條侯軍會下邑徐廣曰屬梁國○正義曰宋州碭山縣本漢下邑縣欲戰條侯壁不肯戰吳糧絕卒飢數挑戰遂夜犇條侯壁驚東南條侯使備西北果從西北入吳大敗士卒多飢死乃畔散於是吳王乃與其麾下壯士數千人夜亡去度江走丹徒保東越正義曰東越傳云獨東甌受漢之購殺吳王丹徒潤州也東甌即東越也東越將兵從吳在丹徒也東越兵可萬餘人乃使人收聚亡卒漢使人以利啗東越韋昭曰啗音徒覽反東越即紿吳王吳王出勞軍即使人鏦殺吳王孟康曰方言戟謂之鏦○索隱曰鏦音七江反謂以戈刺殺之鄒氏又音舂亦音從容之從謂撞殺之也○正義曰括地志云漢吳王濞冢在潤州丹徒縣東練壁聚北今入于江吳錄云丹徒有吳王冢在縣北其處名為相唐盛其頭馳傳以聞吳地記曰吳王濞葬武進縣南地名相唐○索隱曰張勃云吳王濞葬丹徒縣南其地名相唐今云武進縣恐錯也吳王子子華子駒亡走閩越吳王之棄其軍亡也軍遂潰往往稍降太尉梁軍楚王戊軍敗自殺三王之圍齊臨菑也三月不能下漢兵至膠西膠東菑川王各引

兵歸膠西王乃袒洗席稾飲水謝太后王太子德曰漢兵遠臣觀之已罷可襲願收大王餘兵擊之擊之不勝乃逃入海未晚也王曰吾士卒皆已壞不可發用弗聽漢將弓高侯頹當（徐廣曰姓韓）遺王書曰奉詔誅不義降者赦其罪復故不降者滅之王何處須以從事王肉袒叩頭漢軍壁謁曰臣卬奉法不謹驚駭百姓乃苦將軍遠道至于窮國敢請葅醢之罪弓高侯執金鼓見之曰王苦軍事願聞王發兵狀王頓首膝行對曰今者鼂錯天子用事臣變更高皇帝法令侵

奪諸侯地卬等以為不義恐其敗亂天下七國發兵且以誅錯今聞錯已誅卬等謹以罷兵歸將軍曰王苟以錯不善何不以聞及未有詔虎符擅發兵擊義國以此觀之意非欲誅錯也乃出詔書為王讀之讀之訖曰王其自圖王曰如卬等死有餘罪遂自殺太后太子皆死膠東菑川濟南王皆死（徐廣曰一云自殺）國除納于漢酈將軍圍趙十月而下之趙王自殺濟北王以劫故得不誅徙王菑川初吳王首反并將楚兵連齊趙正月起兵三月皆破獨趙後下復置元王少子平

陸侯禮爲楚王續元王後徙汝南王非王吳故地爲江都王

太史公曰吳王之王由父省也〔言濞之王吳由父代王被省封郃陽侯省音所幸反○索隱曰省音所景反省者減也謂父仲從代王省封郃陽侯也〕能薄賦斂使其衆以擅山海利逆亂之萌自其子興爭技發難〔索隱曰謂與太子爭博是爭技也〕卒亡其本親越謀宗竟以夷隕鼂錯爲國遠慮禍反近身袁盎權說初寵後辱故古者諸侯地不過百里山海不以封毋親夷狄以疏其屬蓋謂吳邪毋爲權首反受其咎豈盎錯邪

索隱述贊曰

吳楚輕悍　王濞倍德　富因採山
釁成提局　驕矜攜貳　連結七國
嬰命廣陵　錯誅未塞　天之悔禍
卒取奔北

吳王濞列傳第四十六　史記一百六

魏其武安侯列傳第四十七　史記一百七

魏其侯竇嬰者，孝文后從兄子也。父世觀津人。索隱曰案地理志觀津縣屬信都以言其累葉在觀津故云父世也○正義曰觀津城在冀州武邑縣東南二十五里喜賓客。孝文時，嬰為吳相，病免。孝景初即位，為詹事。正義曰百官表云詹事秦官掌皇后太子家也

梁孝王者，孝景弟也，其母竇太后愛之。梁孝王朝，因昆弟燕飲。是時上未立太子，酒酣，從容言曰：「千秋之後傳梁王。」太后驩。竇嬰引卮酒進上，曰：「天下者，高祖天下，父子相傳，此漢之約也，上何以得擅傳梁王！」太后由此憎竇嬰。竇嬰亦薄其官，因病免。太后除竇嬰門籍，不得入朝請。律諸侯春朝天子曰朝秋曰請○正義曰才性反

孝景三年，吳楚反，上察宗室諸竇索隱曰案謂宗室之中及諸竇之宗室也又姚氏案酷吏傳周陽由其父趙兼以淮南王舅侯周陽故因改氏由以宗室任為郎則似是與國有親戚屬籍者亦得呼為宗室也毋如竇嬰賢，乃召嬰。嬰入見，固辭謝病不足任。太后亦慙。於是上曰：「天下方有急，王孫寧可以讓邪？」漢書曰竇嬰字王孫乃拜嬰為大將軍，賜金千斤。嬰乃言袁盎、欒布諸名將賢士在家者進之。所賜金，陳之廊廡下，軍吏過，輒令財取為用，蘇林曰自令裁度取為用也金無入家者。竇嬰守滎陽，監齊趙兵。正義曰監音甲衫反吳王濞傳云竇嬰屯滎陽監齊趙兵也七國兵已盡破，封嬰

爲魏其侯諸游士賓客爭歸魏其侯孝景時每朝議大事條侯魏其侯諸列侯莫敢與亢禮孝景四年立栗太子（正義曰栗姬之子後廢之故書母姓也）使魏其侯爲太子傅孝景七年栗太子廢魏其數爭不能得魏其謝病屏居田南山之下數月諸賓客辯士說之莫能來梁人高遂乃說魏其曰能富貴將軍者上也能親將軍者太后也今將軍傅太子太子廢而不能爭爭不能得又弗能死自引謝病擁趙女屏間處（正義曰上音閑下昌汝反）而不朝相提而論（徐廣曰提音徒抵反○索隱曰提音弟又音啼相提猶相抵也論音路頓反）是自明揚主上之過有如兩宮螫將軍（張晏曰兩宮太后景帝也螫怒也毒蟲怒必螫人又火各反○索隱曰螫音釋謂怒也漢書作奭奭即螫也○正義曰兩宮太子景帝也）則妻子毋類矣（索隱曰謂見誅滅無遺類）魏其侯然之乃遂起朝請如故桃侯免相（服虔曰劉舍也）竇太后數言魏其侯孝景帝曰太后豈以爲臣有愛不相魏其（索隱曰愛猶惜也）魏其者沾沾自喜耳多易（徐廣曰沾一作怗又昌兼反又當牒反張晏曰沾沾言自整頓也多易多輕易之行也或曰沾音擔也○索隱曰小顏沾音他兼反擔音尺占反）難以爲相持重遂不用用建陵侯衛綰爲丞相

武安侯田蚡者孝景后同母弟也（索隱曰蚡音扶粉反又如蚡鼠之蚡音墳）生長陵魏其已爲大將軍後方盛蚡爲諸

郎徐廣曰一云諸郷時人相號長老老者爲諸公年少者爲諸郷如今人相號爲士大夫未貴往來侍酒魏其跪起如子姪及孝景晚節索隱曰按謂晚年也蚡益貴幸爲太中大夫蚡辯有口學槃盂諸書應劭曰黄帝使孔甲所作銘也凡二十六篇書槃盂中所爲法戒諸書諸子文書也孟康曰孔甲槃盂二十六篇雜家書兼儒墨名法王太后賢之徐廣曰即蚡同母姊者孝景崩即日太子立稱制所鎮撫多有田蚡賓客計筴蚡弟田勝皆以太后弟孝景後三年徐廣曰孝景後三年即是孝武初嗣位之年也封蚡爲武安侯勝爲周陽侯正義曰絳州聞喜縣東二十里周陽故城也武安侯新欲用事爲相卑下賓客進名士家居者貴之欲以傾魏其諸將相建元元年丞相綰

病免上議置丞相太尉籍福説武安侯曰魏其貴久矣天下士素歸之今將軍初興未如魏其即上以將軍爲丞相必讓魏其魏其爲丞相將軍必爲太尉太尉丞相尊等耳又有讓賢名武安侯乃微言太后風上於是乃以魏其侯爲丞相武安侯爲太尉籍福賀魏其侯因弔曰君侯資性喜善疾惡方今善人譽君侯故至丞相然君侯且疾惡惡人衆亦且毁君侯君侯能兼容則幸久不能今以毁去矣魏其不聽魏其武安俱好儒術推轂趙綰爲御史大夫索隱曰案推轂謂自卑下之如

（爲之推車轂也）王臧爲郎中令迎魯申公欲設明堂令列侯就國除關（索隱曰謂除關門之稅也）以禮爲服制（索隱曰案其時禮度踰侈多不依古令吉凶服制皆法於禮也）以興太平舉適諸竇（索隱曰適音直革反）宗室毋節行者除其屬籍時諸外家爲列侯列侯多尚公主皆不欲就國以故毀日至竇太后太后好黄老之言而魏其武安趙綰王臧等務隆推儒術貶道家言是以竇太后滋不說魏其等及建元二年御史大夫趙綰請無奏事東宮（韋昭曰欲奪其政也）竇太后大怒乃罷逐趙綰王臧等而免丞相太尉以柏至侯許昌爲丞相武彊侯莊青

翟爲御史大夫魏其武安由此以侯家居武安侯雖不任職以王太后故親幸數言事多效天下吏士趨勢利者皆去魏其歸武安武安日益横建元六年竇太后崩丞相昌御史大夫青翟坐喪事不辦免以武安侯蚡爲丞相以大司農韓安國爲御史大夫天下士郡國諸侯愈益坿武安（索隱曰按謂仕諸郡及仕諸侯王國者猶言仕郡國也）武安者貌侵（韋昭曰侵音寢短小也又云醜惡也刻確也音核）生貴甚（索隱曰小顔云生貴謂自尊高示貴寵其說疎也按生謂蚡自生尊貴之勢特甚故下云又以諸侯王多長年蚡以肺腑爲相非痛折節以禮屈之則天下不肅者也）又以爲諸侯王多長（張晏曰多長年）上初即位富於春秋蚡

以肺腑爲京師相正義曰顏師古曰舊解云肺腑如肝肺之相附着也一說肺碎木札也喻其輕薄附着大材按顏此說並是踈謬又改腑爲附就其義重謬矣八十一難云寸口者脉之大會手太陰之動脉也呂廣云太陰者肺之脉也肺爲諸藏之主通陰陽故十二經皆會手太陰所以決吉凶者十二經有病皆寸口知其何經之動浮沉濇滑春秋逆順知其死生顧野王云肺腑腹心也案說田蚡爲相若人之肺知陰陽逆順又爲帝之腹心親戚也非痛折節以禮詘之天下不肅索隱曰案痛甚也欲令士折節屈下於巳不然天下不肅或解以爲蚡欲折節下士非也案下文不讓其兄蓋侯知或說爲非也當是時丞相入奏事坐語移日所言皆聽薦人或起家至二千石權移主上上乃曰君除吏已盡未吾亦欲除吏嘗請考工地益宅漢書百官表曰少府有考工室如淳曰官名也上怒曰君何不遂取武庫是後乃退嘗召客飲

坐其兄蓋侯徐廣曰王后兄王信也太山有蓋縣樂安有益縣也南鄉自坐東鄉以爲漢相尊不可以兄故私橈武安由此滋驕治宅甲諸第徐廣曰爲諸第之上也田園極膏腴而市買郡縣器物相屬於道前堂羅鐘鼓立曲旃如淳曰旌旗之名通帛曰旃曲旃僭也蘇林曰禮大夫立曲旃曲柄上曲也○索隱曰說文曰曲旃者所以招士也後房婦女以百數諸侯奉金玉狗馬玩好不可勝數魏其失竇太后益踈不用無勢諸客稍稍自引而怠傲唯灌將軍獨不失故魏其日默默不得志而獨厚遇灌將軍

灌將軍夫者潁陰人也夫父張孟嘗爲潁陰侯

嬰舍人得幸因進之至二千石故蒙灌氏姓爲灌孟吳楚反時潁陰侯灌何爲將軍（索隱曰案何是嬰子漢書作嬰誤）屬太尉請灌孟爲校尉夫以千人與父俱（漢書音義曰官主千人如候司馬）灌孟年老潁陰侯彊請之鬱鬱不得意故戰常陷堅遂死吳軍中軍法父子俱從軍有死事得與喪歸灌夫不肯隨喪歸奮曰（張晏曰自奮厲也）願取吳王若將軍頭以報父之仇於是灌夫被甲持戟募軍中壯士所善願從者數十人及出壁門莫敢前獨二人及從奴十數騎馳入吳軍至吳將麾下（正義曰謂大將之旗）所殺傷數十人不得前復馳還走入漢壁皆亡其奴獨與一騎歸夫身中大創十餘適有萬金良藥故得無死夫創少瘳又復請將軍曰吾益知吳壁中曲折請復往將軍壯義之恐亡夫乃言太尉太尉乃固止之吳已破灌夫以此名聞天下潁陰侯言之上上以夫爲中郎將數月坐法去後家居長安長安中諸公莫弗稱之孝景時至代相孝景崩今上初即位以爲淮陽天下交勁兵處故徙夫爲淮陽太守建元元年入爲太僕二年夫與長樂衛尉竇甫飲輕重不得（晉灼曰飲酒輕重不得其平也）夫醉搏甫

索隱曰摶音摶謂擊之甫竇太后昆弟也上恐太后誅夫徙
爲燕相數歲坐法去官家居長安灌夫爲人剛
直使酒不好面諛貴戚諸有勢在己之右不欲
加禮必陵之諸士在己之左愈貧賤尤益敬與
鈞稠人廣衆薦寵下輩士亦以此多之夫不喜
文學好任俠已然諾索隱曰已音以謂已許諾必使副其前言也諸所與
交通無非豪傑大猾家累數千萬食客日數十
百人陂池田園宗族賓客爲權利橫於潁川潁
川兒乃歌之曰潁水清灌氏寧潁水濁灌氏族
灌夫家居雖富然失勢卿相侍中賓客益衰及

魏其侯失勢亦欲倚灌夫引繩批根生平慕之
後棄之者蘇林曰二人相倚引繩直之意批根賓客也去之者不與交通孟康曰根根括引繩以持彈○
索隱曰案劉氏云二人相倚事如合繩共相依引也批音步結反批者排也漢書作排根小顏根音痕括音汩謂人生平
慕嬰夫後見其失職而頗弛慢如此者共排退之不復與交也譬如相對挽繩而根括之也持彈案漢書本作抨彈音普
耕反灌夫亦倚魏其而通列侯宗室爲名高兩人
相爲引重張晏曰相薦達爲聲勢其游如父子然相得驩甚
無厭恨相知晚也灌夫有服過丞相丞相從容
曰吾欲與仲孺過魏其侯漢書曰灌夫字仲孺會仲孺有
服索隱曰案服謂朞功之服也故應璩書曰仲孺不辭同生之服也灌夫曰將軍乃
肯幸臨況魏其侯夫安敢以服爲解請語魏其

侯帳具將軍旦日蚤臨武安許諾灌夫具語魏其侯如所謂武安侯魏其與其夫人益市牛酒夜灑埽早帳具至旦平明令門下候伺至日中丞相不來魏其謂灌夫曰丞相豈忘之哉灌夫不懌曰夫以服請宜往（徐廣曰一云以服請不宜往○索隱曰案徐廣云以服請不宜往其說非也正言灌夫請不以服爲解蚡不宜忘故駕自往迎也）乃駕自往迎丞相丞相特前戲許灌夫殊無意往及夫至門丞相尚臥於是夫入見曰將軍昨日幸許過魏其魏其夫妻治具自旦至今未敢嘗食武安鄂（徐廣曰一作捂）謝曰吾昨日醉忽忘與仲孺言乃駕往又徐行

灌夫愈益怒及飲酒酣夫起舞屬丞相（索隱曰屬音之欲反屬猶委也付也小顏云若今人舞訖相勸也）丞相不起夫從坐上語侵之魏其乃扶灌夫去謝丞相丞相卒飲至夜極驩而去丞相嘗使籍福請魏其城南田魏其大望曰老僕雖棄將軍雖貴寧可以勢奪乎不許灌夫聞怒罵籍福籍福惡兩人有郄乃謾自好謝丞相曰魏其老且死易忍且待之已而武安聞魏其灌夫實怒不予田亦怒曰魏其子嘗殺人蚡活之蚡事魏其無所不可何愛數頃田且灌夫何與也吾不敢復求田武安由此大怨灌夫

魏其元光四年春徐廣曰疑此當是三年也其說在後丞相言灌夫家在潁川橫甚民苦之請案上曰此丞相事何請灌夫亦持丞相陰事爲姦利受淮南王金與語言賓客居間遂止俱解夏丞相取燕王女爲夫人索隱曰案蚡娶燕王劉澤子康王嘉之女也有太后詔召列侯宗室皆往賀魏其侯過灌夫欲與俱夫謝曰夫數以酒失得過丞相丞相今者又與夫有郄魏其曰事已解彊與俱飲酒酣武安起爲壽如淳曰上酒爲稱壽非大行酒坐皆避席伏已魏其侯爲壽獨故人避席耳餘半膝席蘇林曰下席而膝半在席上如淳曰以膝跪席上也灌夫不悅起行酒至武安武安膝席曰不能滿觴夫怒因嘻笑曰將軍貴人也屬之徐廣曰屬一作畢○索隱曰案漢書作畢畢盡也時武安不肯行酒次至臨汝侯徐廣曰灌嬰孫名賢○索隱曰案漢書云臨汝侯灌賢則賢是嬰之孫臨汝是改封也臨汝侯方與程不識耳語又不避席夫無所發怒乃罵臨汝侯曰生平毀程不識不直一錢今日長者爲壽乃效女兒呫囁耳語韋昭曰呫囁附耳小語聲○索隱曰女兒猶云兒女也漢書作女曹兒曹輩也猶言兒女輩呫鄒氏音蚩輒反囁音汝輒反武安謂灌夫曰程李俱東西宮衛尉漢書音義曰李廣爲東宮程不識爲西宮今衆辱程將軍仲孺獨不爲李將軍地乎如淳曰李將軍李廣也猶今人言爲除地也○索隱曰案小顏云言今既毀程令李何地自安處也灌

夫曰今日斬頭陷胷索隱曰韋昭云言不避死亡也漢書作穴匈何知程李乎坐乃起更衣稍稍去魏其侯去麾灌夫出武安遂怒曰此吾驕灌夫罪乃令騎留灌夫灌夫欲出不得籍福起爲謝案灌夫項令謝夫愈怒不肯謝武安乃麾騎縛夫置傳舍召長史曰今日召宗室有詔劾灌夫罵坐不敬繫居室如淳曰百官表居室爲保宮今守宮也遂按其前事遣吏分曹逐捕諸灌氏支屬皆得棄市罪魏其侯大媿爲資使賓客請莫能解如淳曰爲出資費使人爲夫言武安吏皆爲耳目諸灌氏皆亡匿夫繫遂不得告言武安陰事魏其

銳身爲救灌夫夫人諫魏其曰灌將軍得罪丞相與太后家忤寧可救邪魏其侯曰侯自我得之自我捐之無所恨且終不令灌仲孺獨死嬰獨生乃匿其家晉灼曰恐其夫人復諫止也竊出上書立召入具言灌夫醉飽事不足誅上然之賜魏其食曰東朝廷辯之如淳曰東朝太后朝魏其之東朝盛推灌夫之善言其醉飽得過乃丞相以他事誣罪之武安又盛毀灌夫所爲橫恣罪逆不道魏其度不可奈何因言丞相短武安曰天下幸而安樂無事蚡得爲肺腑所好音樂狗馬田宅蚡所愛倡優

巧匠之屬不如魏其灌夫日夜招聚天下豪桀
壯士與論議腹誹而心謗不仰視天而俯畫地
張晏曰視天占三光也畫地知分野所在也畫地諭欲作反事辟倪兩宮間徐廣曰辟音芳細反
倪音詣張晏曰占大后與帝吉凶之期○索隱曰辟普係反倪五係反埤蒼云睥睨邪視也幸天下有
變而欲有大功張晏曰幸爲反者當得爲大將立功也瓚曰天下有變謂天子崩因變難之際
得立大功臣乃不知魏其等所爲於是上問朝臣兩
人孰是御史大夫韓安國曰魏其言灌夫父死
事身荷戟馳入不測之吳軍身被數十創名冠
三軍此天下壯士非有大惡爭杯酒不足引他
過以誅也魏其言是也丞相亦言灌夫通姦猾

侵細民家累巨萬橫恣潁川淩轢宗室侵犯骨
肉此所謂枝大於本脛大於股不折必披索隱曰案包愷
披音疋彼反○正義曰鋪被反披分折也丞相言亦是唯明主裁之主
爵都尉汲黯是魏其內史鄭當時是魏其後不
敢堅對餘皆莫敢對上怒內史曰公平生數言
魏其武安長短今日廷論局趣效轅下駒張晏曰俛頭於
車轅下隨母而已瓚曰小馬在轅下○正義曰應劭云駒馬加着轅局趣纖小之貌按應說爲長也吾并斬
若屬矣即罷起入上食太后太后亦已使人候
伺具以告太后太后怒不食曰今我在也而人
皆藉吾弟索隱曰案晉灼云藉蹈也以言蹂藉也令我百歲後皆魚

內之矣且帝寧能爲石人邪索隱曰謂帝不如石人得長存也○正義曰顏師古云言徒有人耳不知好惡按今俗云人不辨事罵云杌杌若木人也此特帝在即録録設百歲後是屬寧有可信者乎索隱曰案設者脫也上謝曰俱宗室外家正義曰嬰景帝從舅蚡太后同母弟故廷辯之不然此一獄吏所決耳是時郎中令石建爲上分別言兩人事武安已罷朝出止車門召韓御史大夫載怒曰與長孺共一老禿翁何爲首鼠兩端漢書音義曰禿老翁言嬰無官位扳援也首鼠一前一卻也○索隱曰案謂共治一老禿翁指竇嬰也韓御史良久謂丞相曰君何不自喜蘇林曰何不自解釋爲喜樂邪○索隱曰案小顏云何不自謙遜爲可喜之事音許既反夫魏其毀君君當免冠解印綬歸曰臣以肺腑幸得待罪固非其任魏其言皆是如此上必多君有讓不廢君魏其必內愧杜門齰舌自殺索隱曰案說文云齰齧也士白反今人毀君君亦毀人譬如賈豎女子爭言何其無大體也武安謝罪曰爭時急不知出此於是上使御史簿責魏其所言灌夫頗不讎正義曰讎音市周反對也言簿責魏其所言灌夫實潁川事故魏其不對爲欺謾者也欺謾劾繫都司空索隱曰案百官表云宗正屬官主詔獄也○正義曰如淳云律司空主水及罪人孝景時魏其常受遺詔曰事有不便以便宜論上及繫灌夫罪至族事日急諸公莫敢復明言於上魏其乃使昆弟子上書言之幸得

復召見書奏上而案尚書大行無遺詔如淳曰大行主諸侯官也○索隱曰案尚書無此景帝崩時大行遺詔乃魏其家臣印封之如淳說非也○正義曰天子崩曰大行也按尚書之中景帝崩時無遺詔賜魏其也百官表云諸受尚書事也詔書獨藏魏其家家丞封漢書音義曰以家臣印封遺詔乃劾魏其矯先帝詔罪當棄市五年十月徐廣曰疑非五年亦非十月○索隱曰徐氏云疑非者案武帝四年三月蚡薨竇嬰死在前今云五年故疑非也○正義曰漢書云元光四年冬魏其侯嬰有罪棄市春三月乙卯丞相蚡薨按五年者誤也悉論灌夫及家屬魏其良久乃聞聞即恚病痱索隱曰痱音肥又音扶味反風病也不食欲死或聞上無意殺魏其魏其復食治病議定不死矣乃有蜚語為惡言聞上張晏曰蚡偽作飛揚誹謗之語故以十二月晦徐廣曰疑非十二月也駰案張晏曰月晦者春垂至也○索隱曰著日月者見春垂至恐遇赦贖也論棄市渭城正義曰故咸陽也其春武安侯病正義曰其春即四年春也元光四年十月灌夫弃市十二月末魏其弃市至三月乙卯田蚡薨則三人死同在一年明矣漢以十月為歲首故也秦楚之際表云十一月十二月端月二月三月至九為終周建子為正月十一月為正月十二月為二月正月為三月二月為四月至十月為歲終漢初至武帝太初以前並依秦法以後改用夏正月至今不改然夫子作春秋依夏正專呼服謝罪漢書音義曰言蚡號呼謝服罪也使巫視鬼者視之見魏其灌夫共守欲殺之竟死子恬嗣徐廣曰蚡疾見魏其灌夫惡殺之則其春共在一春內邪武帝本紀四年三月乙卯田蚡薨嬰死在蚡薨之前何復云五年十二月邪疑十二月當為二月也案侯表蚡事武帝九年而卒元光四年侯恬之元年建元元年訖元光三年而九年大臣表蚡以元光四年卒亦云嬰四年棄市未詳此正安在然蚡薨在嬰死後分明元朔三年武安侯坐衣襜褕正義曰爾雅云今蔽前謂之襜郭璞云蔽膝也說文

字林並謂之短衣入宮不敬徐廣曰表云坐衣不敬國除○索隱曰襜尺占反褕音踰謂非正朝衣若婦人服也淮南王安謀反覺治王前朝徐廣曰建元二年武安侯爲太尉時迎王至霸上謂王曰上未有太子大王最賢高祖孫即宮車晏駕非大王立當誰哉淮南王大喜厚遺金財物上自魏其時不直武安特爲太后故耳索隱曰案武帝以魏其灌夫事爲枉於武安侯爲不直特爲太后故耳及聞淮南王金事上曰使武安侯在者族矣

太史公曰魏其武安皆以外戚重灌夫用一時決筴而名顯魏其之舉以吳楚武安之貴在日月之際然魏其誠不知時變灌夫無術而不遜兩人相翼乃成禍亂武安負貴而好權杯酒責望陷彼兩賢嗚呼哀哉遷怒及人命亦不延衆庶不載竟被惡言嗚呼哀哉禍所從來矣

索隱述贊曰

竇嬰田蚡　勢利相雄　咸倚外戚
或恃軍功　灌夫自喜　引重其中
意氣杯酒　辟倪兩宮　事竟不直
冤哉二公

魏其武安侯列傳第四十七　史記一百七

韓長孺列傳第四十八　史記一百八

御史大夫韓安國者梁成安人也（徐廣曰在汝潁之間也○索隱曰漢書地理志云縣名屬陳留○正義曰括地志云成安故城在汝州梁縣東二十三里括地志云成安屬潁川郡陳留郡又有成安縣亦屬梁未知孰是也）後徙睢陽（正義曰今宋州宋城）嘗受韓子雜家說於騶田生所（索隱曰案謂安國學韓子及雜家說於騶縣田生之所）事梁孝王爲中大夫吳楚反時孝王使安國及張羽爲將扞吳兵於東界（索隱曰將音醬扞音汗）張羽力戰安國持重以故吳不能過梁吳楚已破安國張羽名由此顯梁孝王景帝母弟竇太后愛之令得自請置相二千石出入游戲僭於天子天子聞之心弗善也太后知帝不善乃怒梁使者弗見案責王所爲韓安國爲梁使見大長公主（徐廣曰景帝姊○索隱曰案即館陶公主○正義曰如淳云景帝妹也）而泣曰何梁王爲人子之孝爲人臣之忠而太后曾弗省也（索隱曰省音仙井反省者察也）夫前日吳楚齊趙七國反時自關以東皆合從西鄉惟梁最親爲艱難梁王念太后帝在中（正義曰謂關中也又云京師在天下之中）而諸侯擾亂一言泣數行下跪送臣等六人將兵擊卻吳楚吳楚以故兵不敢西而卒破亡梁王之力也今太后以小節苛禮責望梁王（索隱曰案謂苛細小禮以責之）梁王父兄皆帝王

所見者大故出稱蹕入言警車旗皆帝所賜也即欲以侘鄙縣徐廣曰侘一作紵也騶案侘音丑亞反誇也○索隱曰漢書作嫮音火亞反紵音寒子孟反驅馳國中以夸諸侯令天下盡知太后帝愛之也今梁使來輒案責之梁王恐日夜涕泣思慕不知所爲何梁王之爲子孝爲臣忠而太后弗恤也大長公主具以告太后太后喜曰爲言之帝言之帝心乃解而免冠謝太后曰兄弟不能相教乃爲太后遺憂悉見梁使厚賜之其後梁王益親驩太后長公主更賜安國可直千餘金名由此顯結於漢其後安國坐法抵罪蒙蒙縣名○索隱曰抵音丁禮反蒙縣名屬梁國也獄吏田甲辱安國安國曰死灰獨不復然乎田甲曰然即溺之居無何梁內史缺漢使使者拜安國爲梁內史起徒中爲二千石田甲亡走安國曰甲不就官我滅而宗甲因肉袒謝安國笑曰可溺矣公等足與治乎索隱曰案謂不足與繩持之治音持也卒善遇之梁內史之缺也孝王新得齊人公孫詭說之欲請以爲內史竇太后聞乃詔王以安國爲內史公孫詭羊勝說孝王求爲帝太子及益地事恐漢大臣不聽乃陰使人刺漢用事謀臣及殺故吳相袁盎景帝遂

聞詭勝等計畫乃遣使捕詭勝必得漢使十輩至梁相以下舉國大索月餘不得內史安國聞詭勝匿孝王所安國入見王而泣曰主辱臣死索隱曰此語見國語大王無良臣故事紛紛至此今詭勝不得請辭賜死王曰何至此安國泣數行下曰大王自度於皇帝孰與太上皇之與高皇帝及皇帝之與臨江王親孝王曰弗如也安國曰夫太上臨江親父子之間然而高帝曰提三尺劍取天下者朕也故太上皇終不得制事居于櫟陽臨江王適長太子也以一言過廢王臨江如淳曰景

帝嘗屬諸姬太子母栗姬言不遜由是廢太子栗姬恚死用宮垣事卒自殺中尉府何者治天下終不以私亂公語曰雖有親父安知其不為虎雖有親兄安知其不為狼今大王列在諸侯悅一邪臣浮說索隱曰悅漢書作怵說文云怵誘也犯上禁橈明法天子以太后故不忍致法於王太后日夜涕泣幸大王自改而大王終不覺寤有如太后宮車即晏駕大王尚誰攀乎語未卒孝王泣數行下謝安國曰吾今出詭勝詭勝自殺漢使還報梁事皆得釋安國之力也於是景帝太后益重安國孝王卒共王即位安國坐法失

官居家建元中武安侯田蚡爲漢太尉親貴用事安國以五百金物遺蚡蚡言安國太后天子亦素聞其賢即召以爲北地都尉遷爲大司農閩越東越相攻安國及大行王恢將兵未至越越殺其王降漢兵亦罷建元六年武安侯爲丞相安國爲御史大夫匈奴來請和親天子下議大行王恢燕人也數爲邊吏習知胡事議曰漢與匈奴和親率不過數歲即復倍約不如勿許興兵擊之安國曰千里而戰兵不獲利今匈奴負戎馬之足懷禽獸之心遷徙鳥舉難得而制也得其地不足以爲廣有其衆不足以爲彊自上古不屬爲人索隱曰案晉灼云不內屬於漢爲人漢數千里爭利則人馬罷虜以全制其敝且彊弩之極矢不能穿魯縞許愼曰魯之縞尤薄衝風之末力不能漂鴻毛非初不勁末力衰也擊之不便不如和親羣臣議者多附安國於是上許和親其明年則元光元年鴈門馬邑豪聶翁壹張晏曰豪猶帥也○索隱曰聶姓也翁壹名也漢書云聶壹因大行王恢言上曰匈奴初和親親信邊可誘以利㒺使聶翁壹爲閒亡入匈奴謂單于曰吾能斬馬邑令丞吏以城降財物可盡得單于愛

信之以為然許聶翁壹聶翁壹乃還詐斬死罪囚縣其頭馬邑城示單于使者為信曰馬邑長吏已死可急來於是單于穿塞將十餘萬騎入武州塞（徐廣曰在鴈門○索隱曰崔浩云今平城直西百里有武州城是也）當是時漢伏兵車騎材官三十餘萬匿馬邑旁谷中衛尉李廣為驍騎將軍（漢書曰北貉燕人來致驍騎應劭曰驍健也張晏曰驍勇也若六博之梟矣）太僕公孫賀為輕車將軍（正義曰司馬續漢書云輕車古之戰車）大行王恢為將屯將軍（正義曰李奇云監主諸屯）太中大夫李息為材官將軍（正義曰臣瓚云材官騎射之官）御史大夫韓安國為護軍將軍諸將皆屬護軍約單于入馬邑而漢

兵縱發王恢李息李廣別從代主擊其輜重（正義曰釋名云輜厠也所載衣服雜厠其中）於是單于入漢長城武州塞未至馬邑百餘里行掠鹵徒見畜牧於野不見一人單于怪之攻烽燧得武州尉史欲剌問尉史尉史曰漢兵數十萬伏馬邑下單于顧謂左右曰幾為漢所賣（正義曰幾音祈）乃引兵還出塞曰吾得尉史乃天也命尉史為天王塞下傳言單于已引去漢兵追至塞度弗及即罷王恢等兵三萬聞單于不與漢合度往擊輜重必與單于精兵戰漢兵勢必敗則以便宜罷兵皆無功天子怒

王恢不出擊單于輜重擅引兵罷也恢曰始約虜入馬邑城兵與單于接而臣擊其輜重可得利今單于聞不至而還臣以三萬人衆不敵禔取辱耳徐廣曰禔一作祇也臣固知還而斬然得完陛下士三萬人於是下恢廷尉廷尉當恢逗橈當斬漢書音義曰逗曲行避敵也橈顧望軍法語也○索隱曰案如淳云軍法行而逗留畏橈者要斬逗音豆又音住逗留也橈屈弱也恢私行千金丞相蚡蚡不敢言上而言於太后曰王恢首造馬邑事今不成而誅恢是爲匈奴報仇也上朝太后太后以丞相言告上上曰首爲馬邑事者恢也故發天下兵數十萬從其言爲此且縱單于不可得恢所部擊其輜重猶頗可得以慰士大夫心今不誅恢無以謝天下於是恢聞之乃自殺安國爲人多大略智足以當世取舍而出於忠厚焉索隱曰案出者去也言安國爲人無忠厚之行貪嗜於財所推舉皆廉士賢於己者也於梁舉壺遂臧固郅他皆天下名士索隱曰郅音質他徒河反謂三人姓名也壺遂也臧固也郅他也若漢書則云至他言至於他處亦舉名士也士亦以此稱慕之唯天子以爲國器安國爲御史大夫四歲餘丞相田蚡死安國行丞相事奉引墮車蹇如淳曰爲天子導引而墮車跛足天子議置相欲用安國使使視之蹇甚乃更

以平棘侯薛澤爲丞相安國病免數月蹇愈上復以安國爲中尉歲餘徙爲衛尉車騎將軍衛青擊匈奴徐廣曰元光六年也出上谷破胡龍城龍音龍將軍李廣爲匈奴所得復失之公孫敖大亡卒皆當斬贖爲庶人明年匈奴大入邊殺遼西太守及入鴈門所殺略數千人車騎將軍衛青擊之出鴈門衛尉安國爲材官將軍屯於漁陽正義曰幽州縣安國捕生虜言匈奴遠去即上書言方田作時請且罷軍屯罷軍屯月餘匈奴大入上谷漁陽安國壁乃有七百餘人出與戰不勝復入壁匈奴

虜略千餘人及畜產而去天子聞之怒使使責讓安國徙安國益東屯右北平正義曰幽州漁陽縣東南七十七里北平城即漢古北平也是時匈奴虜言當入東方安國始爲御史大夫及護軍後稍斥疏下遷而新幸壯將軍衛青等有功益貴安國既疏遠默默也將屯又爲匈奴所欺失亡多甚自愧幸得罷歸乃益東徙屯意忽忽不樂數月病歐血死安國以元朔二年中卒

太史公曰余與壺遂定律歷觀韓長孺之義壺遂之深中隱厚徐廣曰一云廉正忠厚世之言梁多長者不

虛哉壺遂官至詹事天子方倚以爲漢相會遂
卒不然壺遂之内廉行脩斯鞠躬君子也

索隱述贊曰
安國忠厚　初爲梁將　因事坐法
免徒起相　死灰更然　生虜失防
推賢見重　賄金貽謗　雪泣悟主
臣節可亮

韓長孺列傳第四十八　史記一百八

李將軍列傳第四十九

李將軍廣者隴西成紀人也（正義曰成紀秦州縣）其先曰李信秦時爲將逐得燕太子丹者也故槐里徙成紀廣家世世受射（索隱曰案小顏云世受射法）孝文帝十四年匈奴大入蕭關而廣以良家子從軍擊胡（索隱曰案如淳云非醫巫商賈百工也）用善騎射殺首虜多爲漢中郎廣從弟李蔡亦爲郎皆爲武騎常侍（索隱曰案謂爲郎而補武騎常侍）秩八百石嘗從行有所衝陷折關及格猛獸而文帝曰惜乎子不遇時如令子當高帝時萬戶侯豈足道哉及孝景初立廣爲隴西都尉徙

爲騎郎將（張晏曰爲武騎郎將○索隱曰小顏云爲騎郎將謂主騎郎也）吳楚軍時廣爲驍騎都尉從太尉亞夫擊吳楚軍取旗顯功名昌邑下以梁王授廣將軍印還賞不行（文穎曰廣爲漢將私受梁印故不以賞也）徙爲上谷太守匈奴日以合戰典屬國公孫昆邪（昆音魂○索隱曰案典屬國官名公孫姓昆邪名服虔云中國人也）爲上泣曰李廣才氣天下無雙自負其能數與虜敵戰恐亡之於是乃徙爲上郡太守後廣轉爲邊郡太守徙上郡嘗爲隴西北地鴈門代郡雲中太守皆以力戰爲名匈奴大入上郡天子使中貴人從廣（漢書音義曰內官之幸貴者○索隱曰案董巴輿服志云黃門丞主密近使聽察天

下天下謂之中貴人使者崔浩云在中而貴幸非德望故云中貴也）勒習兵擊匈奴中貴人將騎數十縱（徐廣曰放縱馳騁）見匈奴三人與戰三人還射（正義射音石還謂轉也）傷中貴人殺其騎且盡中貴人走廣廣曰是必射雕者也（文穎曰雕鳥也故使善射者射也○索隱曰案服虔云雕大鷙鳥也一名鷲黑色多子可以其毛作矢羽韋昭云雕一名鶚也）廣乃遂從百騎往馳三人三人亡馬步行數十里廣令其騎張左右翼而廣身自射彼三人者殺其二人生得一人果匈奴射雕者也已縛之上馬望匈奴有數千騎見廣以為誘騎皆驚上山陳廣之百騎皆大恐欲馳還走廣曰吾去大軍數十里今

如此以百騎走匈奴追射我立盡今我留匈奴必以我為大將軍誘之必不敢擊我廣令諸騎曰前前未到匈奴陳二里所止令曰皆下馬解鞍其騎曰虜多且近即有急奈何廣曰彼虜以我為走今皆解鞍以示不走用堅其意於是胡騎遂不敢擊有白馬將（正義曰其將乘白馬而將監護也）出護其兵李廣上馬與十餘騎犇射殺胡白馬將而復還至其騎中解鞍令士皆縱馬臥是時會暮胡兵終怪之不敢擊夜半時胡兵亦以為漢有伏軍於旁欲夜取之胡皆引兵而去平旦李廣乃

歸其大軍大軍不知廣所之故弗從居久之孝
景崩武帝立左右以爲廣名將也於是廣以上
郡太守爲未央衛尉而程不識亦爲長樂衛尉
程不識故與李廣俱以邊太守將軍屯及出擊
胡而廣行無部伍行陣索隱曰案百官志云將軍領軍皆有部曲大將軍營五部部校尉一人部有曲曲有軍候一人也就善水草屯舍止人人自便索隱曰音頻面反不擊刁斗以自衛孟康曰以銅作鐎器受一斗晝炊飯食夜擊持行名曰刁斗○索隱曰刁音貂案荀悅云刁斗小鈴如宮中傳夜鈴也蘇林曰形如銷以銅作之無緣受一斗故云刁斗鐎即鈴也埤蒼云鐎溫器有柄斗似銚無緣音譙莫府省約文書籍事索隱曰案大顏云凡將軍謂之莫府者蓋兵門合施帷帳故稱莫府古字通用遂作莫耳小爾雅訓莫爲大非也然亦遠斥

候未嘗遇害索隱曰案許慎淮南云斥度也候視也望也程不識正部曲
行伍營陳擊刁斗士吏治軍簿至明軍不得休
息然亦未嘗遇害不識曰李廣軍極簡易然虜
卒犯之無以禁也而其士卒亦佚樂咸樂爲之
死我軍雖煩擾然虜亦不得犯我是時漢邊郡
李廣程不識皆爲名將然匈奴畏李廣之略士
卒亦多樂從李廣而苦程不識程不識孝景時
以數直諫爲太中大夫爲人廉謹於文法後漢
以馬邑城誘單于使大軍伏馬邑旁谷而廣爲
驍騎將軍領屬護軍將軍是時單于覺之去漢

軍皆無功其後四歲廣以衛尉爲將軍出鴈門擊匈奴匈奴兵多破敗廣軍生得廣單于素聞廣賢令曰得李廣必生致之胡騎得廣廣時傷病置廣兩馬間絡而盛卧廣行十餘里廣佯死睨其旁有一胡兒騎善馬廣暫騰而上胡兒馬因推墮兒（徐廣曰一云抱兒鞭馬南馳也）取其弓鞭馬南馳數十里復得其餘軍因引而入塞匈奴捕者騎數百追之廣行取胡兒弓射殺追騎以故得脫於是至漢漢下廣吏吏當廣所失亡多爲虜所生得當斬贖爲庶人頃之家居數歲廣家與故潁陰

侯孫（孫灌嬰之孫名強）屛野居藍田南山中射獵嘗夜從一騎出從人田間飲還至霸陵亭霸陵尉醉（索隱曰案百官志云尉大縣二人主盜賊凡有賊發則推索尋案之也）呵止廣廣騎曰故李將軍尉曰今將軍尚不得夜行何乃故也止廣宿亭下居無何匈奴入殺遼西太守敗韓將軍韓將軍後徙右北平（蘇林曰韓安國）於是天子乃召拜廣爲右北平太守廣即請霸陵尉與俱至軍而斬之廣居右北平匈奴聞之號曰漢之飛將軍避之數歲不敢入右北平廣出獵見草中石以爲虎而射之中石没鏃（徐廣曰一作没羽）視之石也因復

更射之終不能復入石矣廣所居郡聞有虎嘗
自射之及居右北平射虎虎騰傷廣廣亦竟射
殺之廣廉得賞賜輒分其麾下飲食與士共之
終廣之身爲二千石四十餘年家無餘財終不
言家產事廣爲人長猨臂如淳曰臂如猨通肩其善射亦
天性也雖其子孫他人學者莫能及廣廣訥口
少言與人居則畫地爲軍陳射闊狹以飲如淳曰射戲求
踈密持酒以飲不勝者○正義曰飲音於禁反專以射爲戲竟死索隱曰謂終竟廣身至死
以爲恒也廣之將兵乏絕之處見水士卒不盡飲廣
不近水士卒不盡食廣不嘗食寬緩不苛士以

此愛樂爲用其射見敵急非在數十步之內度
不中不發發即應弦而倒用此其將兵數困辱
其射猛獸亦爲所傷云居頃之石建卒於是上
召廣代建爲郎中令元朔六年廣復爲後將軍
從大將軍軍出定襄擊匈奴諸將多中首虜率
以功爲侯者如淳曰中猶充也本義法得首若干封侯而廣軍無功後
三歲廣以郎中令將四千騎出右北平博望侯
張騫將萬騎與廣俱異道行可數百里匈奴左
賢王將四萬騎圍廣廣軍士皆恐廣乃使其子
敢往馳之敢獨與數十騎馳出其左

右而還告廣曰胡虜易與耳軍士乃安廣爲圜陳外嚮胡急擊之矢下如雨漢兵死者過半漢矢且盡廣乃令士持滿毋發而廣身自以大黃射其裨將〔徐廣曰南都賦曰黃間機張善弩之名駰案鄭德曰黃肩弩淵中黃朱之孟康曰太公六韜曰陷堅敗強敵用大黃連弩韋昭曰角弩色黃而體大也○索隱曰案大黃閒弩名韋昭說是也〕殺數人胡虜益解會日暮吏士皆無人色而廣意氣自如益治軍軍中自是服其勇也明日復力戰而博望侯軍亦至匈奴軍乃解去漢軍罷弗能追是時廣軍幾沒罷歸漢法博望侯留遲後期當死贖爲庶人廣軍功自如無賞初廣之從弟李蔡

與廣俱事孝文帝景帝時蔡積功勞至二千石孝武帝時至代相以元朔五年爲輕車將軍從大將軍擊右賢王有功中率封爲樂安侯〔索隱曰中音丁仲反率音律亦音雙筆反小顏云率謂軍功封賞之科著在法令故云中率〕元狩二年中代公孫弘爲丞相蔡爲人在下中〔索隱曰案以九品而論在下之中當第八〕名聲出廣下甚遠然廣不得爵邑官不過九卿而蔡爲列侯位至三公諸廣之軍吏及士卒或取封侯廣嘗與望氣王朔燕語曰自漢擊匈奴而廣未嘗不在其中而諸部校尉以下才能不及中人然以擊胡軍功取侯者數十人而

廣不爲後人索隱曰案謂不在人後然無尺寸之功以得
封邑者何也豈吾相不當侯邪且固命也朔曰
將軍自念豈嘗有所恨乎廣曰吾嘗爲隴西守
羌嘗反吾誘而降降者八百餘人吾詐而同日
殺之至今大恨獨此耳朔曰禍莫大於殺已降
此乃將軍所以不得侯者也後二歲大將軍驃
騎將軍大出擊匈奴廣數自請行天子以爲老
弗許良久乃許之以爲前將軍是歲元狩四年
也廣既從大將軍青擊匈奴既出塞青捕虜知
單于所居乃自以精兵走之而令廣并於右將

軍軍徐廣曰主爵趙食其爲右將軍出東道東道少回遠而大軍
行水草少其勢不屯行張晏曰以水草少不可羣輩廣自請曰
臣部爲前將軍今大將軍乃徙令臣出東道且
臣結髮而與匈奴戰今乃一得當單于索隱曰案廣言
自少時結髮而與匈奴戰唯今者得與單于相當遇也臣願居前先死單于大
將軍青亦陰受上誡以爲李廣老數奇如淳曰數爲匈
奴所敗奇爲不偶也○索隱曰案服虔云作事數不偶也音朔小顏音所具反奇蕭該音居宜反毋令當
單于恐不得所欲而是時公孫敖新失侯爲中
將軍從大將軍大將軍亦欲使敖與俱當單于
故徙前將軍廣廣時知之固自辭於大將軍大

將軍不聽令長史封書與廣之莫府曰急詣部如書正義曰令廣如其文牒急引兵從東道也廣不謝大將軍而起行意甚慍怒而就部引兵與右將軍食其合軍出東道索隱曰食其音異基案趙將軍名也或亦依字讀軍亡導或失道索隱曰謂无人導引軍故失道也後大將軍大將軍與單于接戰單于遁走弗能得而還南絕幕正義曰絕度也南歸度砂幕遇前將軍右將軍廣已見大將軍還入軍大將軍使長史持糒醪遺廣因問廣食其失道狀青欲上書報天子軍曲折正義曰言委曲而行迴折使軍後大將軍也廣未對大將軍使長史急責廣之幕府對簿廣曰諸校尉

無罪乃我自失道吾今自上簿至莫府廣謂其麾下曰廣結髮與匈奴大小七十餘戰今幸從大將軍出接單于兵而大將軍又徙廣部行回遠而又迷失道豈非天哉且廣年六十餘矣終不能復對刀筆之吏遂引刀自剄廣軍士大夫一軍皆哭百姓聞之知與不知無老壯皆為垂涕而右將軍獨下吏當死贖為庶人廣子三人曰當戶椒敢為郎天子與韓嫣戲索隱曰嫣或音偃又音許乾反嫣少不遜當戶擊嫣嫣走於是天子以為勇當戶早死拜椒為代郡太守皆先廣死當戶有遺

腹子名陵廣死軍時敢從驃騎將軍廣死明年
李蔡以丞相坐侵孝景園壖地索隱曰壖音人絹反又音乃緞反又音而宣反案壖地神道之地也黃圖云陽陵闕門西出神道四通茂陵神道廣四十三丈也○正義曰漢書云詔賜冢地陽陵當得二十畝蔡盜取三頃頗賣得四十餘萬又盜取神道外壖地一畝葬其中當下獄自殺當下吏治
蔡亦自殺不對獄國除李敢以校尉從驃騎將
軍擊胡左賢王力戰奪左賢王鼓旗斬首多賜
爵關內侯食邑二百戶代廣爲郎中令頃之怨
大將軍青之恨其父索隱曰小顏云令其父恨而死乃擊傷大將
軍大將軍匿諱之居無何敢從上雍索隱曰劉氏音尚大顏云雍地形高故云上至甘泉宮獵驃騎將軍去病與青有親

射殺敢去病時方貴幸上諱云鹿觸殺之居歲
餘去病死徐廣曰元狩六年而敢有女爲太子中人愛幸
敢男禹有寵於太子然好利李氏陵遲衰微矣
李陵既壯選爲建章監監諸騎善射愛士卒天
子以爲李氏世將而使將八百騎嘗深入匈奴
二千餘里過居延徐廣曰屬張掖○正義曰括地志云居延海在甘州張掖縣東北六十四里地理志云居延澤古文以爲流沙甘州在京西北二千四百六十里視地形無所見虜
而還拜爲騎都尉將丹陽楚人五千人教射酒
泉張掖以屯衛胡數歲天漢二年秋貳師將軍
李廣利將三萬騎擊匈奴右賢王祁連天山徐廣

曰出燉煌至天山○索隱曰案晉灼云在西域近蒲類又西河舊事云白山冬夏有雪匈奴謂之天山也◎正義曰括地志云祁連山在甘州張掖縣西南二百里天山一名白山今名初羅漫山在伊吾縣北百二十里伊州在京西北四千四百一十六里而使陵將其射士步兵五千人出居延北可千餘里欲以分匈奴兵毋令專走貳師也陵既至期還而單于以兵八萬圍擊陵軍陵軍五千人兵矢既盡士死者過半而所殺傷匈奴亦萬餘人且引且戰連鬬八日還未到居延百餘里匈奴遮狹絕道陵食乏而救兵不到虜急擊招降陵陵曰無面目報陛下遂降匈奴其兵盡沒餘亡散得歸漢者四百餘人單于既得陵素

聞其家聲及戰又壯乃以其女妻陵而貴之漢聞族陵母妻子自是之後李氏名敗而隴西之士居門下者皆用爲恥焉

太史公曰傳曰其身正不令而行其身不正雖令不從其李將軍之謂也余睹李將軍悛悛如鄙人索隱曰悛音七旬反漢書作恂恂音詢口不能道辭及死之日天下知與不知皆爲盡哀彼其忠實心誠信於士大夫也諺曰桃李不言下自成蹊索隱曰案姚氏云桃李本不能言但以華實感物故人不期而往其下自成蹊徑也以喻廣雖不能道辭能有所感而忠心信物故也此言雖小可以諭大也

索隱述贊曰

猨臂善射　實負其庸　解鞍却敵

圓陣摧鋒　邊郡屢守　大軍再從

失道見斥　數奇不封　惜哉名將

天下無雙

李將軍列傳第四十九　史記一百九

匈奴列傳第五十　史記一百十

正義曰此卷或有本次平津侯後第五十二今第五十者先生舊本如此劉伯莊云亦然若先諸傳而次四夷則司馬汲鄭不合在後也

匈奴其先祖夏后氏之苗裔也曰淳維漢書音義曰匈奴始祖名○索隱曰張晏曰淳維以殷時奔北邊又樂彥括地譜云夏桀無道湯放之鳴條三年而死其子獯粥妻桀之衆妾避居北野隨畜移徙中國謂之匈奴其言夏后苗裔或當然也故應劭風俗通曰殷時曰獯粥改曰匈奴又晉灼云堯時曰葷粥周曰獫狁秦曰匈奴韋昭云漢曰匈奴葷粥其別名則淳維是其始祖蓋與獯粥是一也唐虞以上有山戎正義曰左傳莊三十年齊人伐山戎杜預云山戎北戎無終三名也括地志云幽州漁陽縣本北戎無終子國獫狁葷粥晉灼曰堯時曰葷粥周曰獫狁秦曰匈奴居于北蠻隨畜牧而轉移其畜之所多則馬牛羊其奇畜則橐駝索隱曰韋昭曰背肉似橐故云駝包愷音託佗○正義曰畜許又反驢驘索隱曰按古今注云驢特馬牝生驘○正義曰驘音力戈反駃騠徐廣曰北狄駿馬○索隱曰說文云駃騠馬父驘子也廣志云決蹄也發蒙記刳其母腹而生列女傳云生七日超其母騊駼徐廣曰似馬而青○索隱曰按郭璞注爾雅云騊駼馬青色音淘塗又字林云野馬山海經云北海內有獸其狀如馬其名騊駼也驒騱徐廣曰音顛巨虛之屬○索隱曰說文云野馬屬一云青驪驎驒文如鼉魚鄒誕生本騱字作奚逐水草遷徙毋城郭常處耕田之業然亦各有分地索隱曰分音扶糞反毋文書以言語為約束兒能騎羊引弓射鳥鼠少長則射狐兔用為食索隱曰少音式紹反長音陟兩反少長謂年稍長士力能彎弓索隱曰彎音烏還反盡為甲騎其俗寬則隨畜因射獵禽獸為生業急則人習戰攻以侵伐其天性

也其長兵則弓矢短兵則刀鋋 韋昭曰鋋形似矛鐵柄音時年反○索隱曰音蟬埤蒼云鋋小矛鐵矜古今字詁云矜矛殣也 利則進不利則退不羞遁走苟利所在不知禮義自君王以下咸食畜肉衣其皮革被旃裘壯者食肥美老者食其餘貴壯健賤老弱父死妻其後母兄弟死皆取其妻妻之其俗有名不諱而無姓字 漢書曰單于姓攣鞮氏○索隱曰攣音六緣反鞮音丁啼反 夏道衰而公劉失其稷官 徐廣曰后稷之曾孫○正義曰周本紀云不窋失其官此云公劉未詳也 變于西戎邑于豳其後三百有餘歲戎狄攻大王亶父 徐廣曰公劉九世孫 亶父亡走岐下而豳人悉從亶父而邑焉作周 索隱曰按謂始作周國也 其

後百有餘歲周西伯昌伐畎夷氏 索隱曰韋昭云春秋以為犬戎按畎音犬小顏云即昆夷也山海經云黃帝生苗苗生龍龍生融融生吾吾生并明并明生白白生犬犬有二牡是為犬戎說文云赤狄本犬種字從犬又山海經云有人面獸身名犬夷賈逵云犬夷戎之別種也 後十有餘年武王伐紂而營雒邑復居于酆鄗放逐戎夷涇洛之北 索隱曰晉灼曰洛水在馮翊懷德縣東南入渭又案水經云出上郡彫陰泰昌山過華陰入渭即漆沮水也 以時入貢命曰荒服其後二百有餘年周道衰 索隱曰案周紀云懿王時王室衰詩人作怨刺之詩不能復雅也 而穆王伐犬戎得四白狼四白鹿以歸自是之後荒服不至於是周遂作甫刑之辟穆王之後二百有餘年周幽王用寵姬褒姒之故與申侯有郤 正義曰故申城在鄧

州南陽縣北三十里周宣王舅所封申侯怒而與犬戎共攻殺周幽王于驪山之下韋昭曰戎後來居此山故號曰驪戎遂取周之焦穫正義曰括地志云焦穫亦名瓠口亦曰瓠中在雍州涇陽縣北城十數里周有焦穫也而居于涇渭之閒侵暴中國秦襄公救周於是周平王去酆鄗而東徙雒邑當是之時秦襄公伐戎至岐正義曰今岐州高誘云秦襄公救周有功受周故地酆鎬列爲諸侯也始列爲諸侯是後六十有五年而山戎越燕而伐齊索隱曰服虔云山戎蓋今鮮卑胡廣云鮮卑東胡別種又案應奉云秦築長城徒士亡出塞外依鮮卑山因以爲號齊釐公與戰于齊郊索隱曰釐音僖名諸兒也其後四十四年而山戎伐燕燕告急于齊齊桓公北伐山戎山戎走其後二

十有餘年而戎狄至洛邑伐周襄王襄王奔于鄭之氾邑索隱曰蘇林氾音凡今潁川襄城是初周襄王欲伐鄭故娶戎狄女爲后與戎狄兵共伐鄭已而黜狄后狄后怨而襄王後母曰惠后有子子帶欲立之於是惠后與狄后子帶爲內應開戎狄戎狄以故得入破逐周襄王而立子帶爲天子於是戎狄或居于陸渾徐廣曰一爲陸邑○索隱曰春秋左氏秦晉遷陸渾之戎于伊川杜預以爲九姓之戎居陸在秦晉之間二國誘而徙之伊川遂從戎號今陸渾縣是也東至於衛侵盜暴虐中國中國疾之故詩人歌之曰戎狄是應薄伐獫狁至於大原毛詩傳曰言逐出之而已出輿彭彭城彼朔方

毛詩傳曰彭彭四馬皃朔方北方○正義曰言玁狁既去北方安靜乃築城守之也周襄王既居
外四年乃使使告急于晉晉文公初立欲脩霸
業乃興師伐逐戎翟誅子帶迎內周襄王居于
雒邑當是之時秦晉爲彊國晉文公攘戎翟居
于河西圁洛之閒徐廣曰圁在西河音銀洛在上郡馮翊閒○索隱曰三蒼圁作圜地理志
云圜水出上郡白土縣西東流入河韋昭云圜當爲圁續郡
國志及太康地理志並作圁字也○正義曰括地志云白土
故城在鹽州白池東北三百九十里又云近延州綏州銀州
本春秋時白狄所居七國屬魏後入秦秦置三十六郡洛漆
沮也號曰赤翟白翟索隱曰案左氏傳云晉師滅赤狄潞氏杜氏以潞赤翟之別種也今上黨
潞縣又春秋地名云今曰赤涉胡又晉師敗翟于箕郤缺獲
白翟子杜氏以爲白翟之別種故西河郡有白部胡又國語
云桓公西征攘白翟之地遂至于西河也○正義曰括地志
云潞州本赤狄地延銀綏三州白翟地按文言圁洛之間號

赤狄未詳秦穆公得由余西戎八國服於秦故自隴
以西有緜諸正義曰括地志云緜諸城秦州秦嶺縣北五十六里漢緜諸道屬天水郡緄
戎正義曰上音昆字當作緄顏師古云混云夷也韋昭云春秋以爲犬戎翟豲之戎徐廣曰在
天水豲音丸○索隱曰地理志天水有綿諸道狄道豲以
豲戎邑音桓○正義曰括地志云豲道故城在渭州襄武縣
東南三十七里古之豲戎邑漢豲道屬天水郡岐梁山涇漆之北有義渠正義
曰括地志云寧州慶州西戎即劉拘
邑城時爲義渠戎國秦爲北地郡也大荔徐廣曰後更名臨晉在馮翊○
索隱曰韋昭云義渠本西戎國有王秦滅之今在北地郡秦
本紀厲共公伐大荔取其王城後更名臨晉故地理志云臨
晉故大荔國也○正義曰括地志同州馮翊縣及朝邑縣本
漢臨晉縣地古大荔戎國今朝邑縣東三十步故王城即大
荔王城荔力計反烏氏徐廣曰在安定○正義曰氏音支括地志云烏氏故城在涇州安定縣東三十里周
之故地後入戎秦惠王取之置烏氏縣也朐衍之戎○徐廣曰在北地朐音項○索隱曰案地理志朐

衍縣名在北地鄭氏音吁○正義曰括地志云鹽州古戎狄居之即朐衍戎之地秦北地郡也而晉北有林胡正義曰括地志云朔州春秋時北地也如淳云即儋林也為李牧滅樓煩之戎索隱曰如淳云林胡即儋林為李牧所滅也地理志樓煩縣名屬鴈門應劭云故樓煩胡也○正義曰括地志云嵐州樓煩胡地也風俗通云故樓煩故地也燕北有東胡山戎漢書音義曰烏丸或云鮮卑○索隱曰服虔云東胡烏丸之先後為鮮卑在匈奴東故曰東胡案續漢書曰漢初匈奴冒頓滅其國餘類保烏桓山以為號俗隨水草居無常處桓以之名烏號為姓父子男女悉髡頭為輕便也各分散居谿谷自有君長往往而聚者百有餘戎然莫能相一自是之後百有餘年晉悼公使魏絳和戎翟戎翟朝晉後百有餘年趙襄子踰句注音鉤山名在鴈門○索隱曰服虔云勾音拘韋昭云山名在應陰館而破幷代以臨胡貉索隱曰案貉即濊也音亡格反其

後既與韓魏共滅智伯分晉地而有之則趙有代句注之北魏有河西上郡以與戎界邊其後義渠之戎築城郭以自守而秦稍蠶食至於惠王遂拔義渠二十五城惠王擊魏魏盡入西河及上郡于秦秦昭王時義渠戎王與宣太后昭王母也亂有二子宣太后詐而殺義渠戎王於甘泉遂起兵伐殘義渠於是秦有隴西北地上郡築長城以拒胡而趙武靈王亦變俗胡服習騎射北破林胡樓煩築長城正義曰括地志云趙武靈王長城在朔州善陽縣北案長城水經云百道長城北山上有長垣若頹毀焉沿溪亘嶺東西无極蓋趙靈王所築也自代並音傍

白狼反陰山索隱曰徐廣云西安陽縣北有陰山陰山在河南陽山北也○正義曰括地志云陰山在朔州北塞外突厥界下至高闕爲塞徐廣曰在朔方○正義曰地理志云朔方臨戎縣北有連山險於長城其山中斷兩峯俱峻土俗名爲高闕也而置雲中鴈門代郡其後燕有賢將秦開爲質於胡胡甚信之歸而襲破走東胡東胡卻千餘里與荊軻刺秦王秦舞陽者開之孫也燕亦築長城自造陽韋昭曰地名在上谷○正義曰按上谷郡今嬀州至襄平索隱曰韋昭云今遼東所理也置上谷漁陽右北平遼西遼東郡以拒胡當是之時冠帶戰國七而三國邊於匈奴索隱曰安案三國燕趙秦也其後趙將李牧時匈奴不敢入趙邊後秦滅六國而始皇帝使蒙恬將十萬之衆北擊胡悉收河南地因河爲塞索隱曰案太康地記秦塞自五原北九里謂之造陽東行終利貴山南漢陽西是也築四十四縣城臨河徙適戍以充之適音丁華反而通直道索隱曰蘇林云去長安八千里正南北相值道也自九原至雲陽索隱曰韋昭云九原縣屬五原也○正義曰括地志云勝州連谷縣本秦九原郡漢武帝更名五原雲陽雍縣秦之林光宮即漢之甘泉宮在焉又云秦故道在慶州華池縣西四十五里子午山上自九原至雲陽千八百里因邊山險壍谿谷可繕者治之起臨洮至遼東萬餘里索隱曰韋昭曰臨洮隴西縣○正義曰括地志云秦隴西郡臨洮縣即今岷州城本秦長城首起岷州西十二里延袤萬餘里東入遼水又度河據陽山北假中北假北方田官主以田假與貧人故云北假○索隱曰應劭云北假在北地陽山北韋昭云北假地名也○正義曰括地志云漢五原郡河目縣故城在北假中北假地名也在河北今屬勝州銀城縣漢書王莽

傳云五原北假膏壤殖穀也當是之時東胡彊而月氏盛正義曰氏音支括地志云凉甘肅延沙等州地本月氏國匈奴單于漢書音義曰單于者廣大之貌言其象天單于然○索隱曰案單于姓攣鞮氏其國稱之曰撑犁孤塗單于而匈奴謂天爲撑犁謂子爲孤塗單于者廣大之貌也言其象天故曰撑犁孤塗單于又玄晏春秋云士安讀漢書不詳此言有胡奴在側言之曰此胡所謂天子與古書所說符會也曰頭曼韋昭曰音瞞○索隱曰曼音莫官反頭曼不勝秦北徙十餘年而蒙恬死諸侯畔秦中國擾亂諸秦所徙適戍邊者皆復去於是匈奴得寬復稍度河南與中國界於故塞單于有太子名冒頓索隱曰冒音墨又如字後有所愛閼氏索隱曰閼氏舊音曷氏匈奴皇后號也習鑿齒與燕王書云山下有紅藍足下先知不北方人採取其花染緋黃挼取其上英鮮者作烟脂婦人採將用爲顏色吾少時再三過見烟脂今日始親

紅藍後當足致其種匈奴名妻作閼氏今可音烟支想足下先亦不作此讀漢書也生少子而單于欲廢冒頓而立少子乃使冒頓質於月氏冒頓既質於月氏而頭曼急擊月氏月氏欲殺冒頓冒頓盜其善馬騎之亡歸頭曼以爲壯令將萬騎冒頓乃作爲鳴鏑漢書音義曰鏑箭也如今鳴射也韋昭曰矢鏑飛則鳴○索隱曰應劭云髐箭也習勒其騎射令曰鳴鏑所射而不悉射者斬之行獵鳥獸有不射鳴鏑所射者輒斬之已而冒頓以鳴鏑自射其善馬左右或不敢射者冒頓立斬不射善馬者居頃之復以鳴鏑自射其愛妻左右或頗恐不敢射冒頓又復斬

[illegible]

之居頃之冒頓出獵以鳴鏑射單于善馬左右皆射之於是冒頓知其左右皆可用從其父單于頭曼獵以鳴鏑射頭曼其左右亦皆隨鳴鏑而射殺單于頭曼遂盡誅其後母與弟及大臣不聽從者冒頓自立爲單于冒頓既立徐廣曰秦二世元年壬辰歲立是時東胡彊盛聞冒頓殺父自立乃使使謂冒頓欲得頭曼時有千里馬冒頓問羣臣羣臣皆曰千里馬匈奴寶馬也勿與冒頓曰奈何與人鄰國而愛一馬乎遂與之千里馬居頃之東胡以爲冒頓畏之乃使使謂冒頓欲得單于一閼氏冒頓復問左右左右皆怒曰東胡無道乃求閼氏請擊之冒頓曰奈何與人鄰國愛一女子乎遂取所愛閼氏予東胡東胡王愈益驕西侵與匈奴間中有棄地莫居千餘里各居其邊爲甌脫韋昭曰界上屯守處○索隱曰服虔云作土室以伺漢人又纂文曰甌脫土穴也又云是地名故下云生得甌脫王甌音一侯反脫音同活反○正義曰按境上斥堠之室爲甌脫也東胡使使謂冒頓曰匈奴所與我界甌脫外棄地匈奴非能至也吾欲有之冒頓問羣臣羣臣或曰此棄地予之亦可勿與亦可於是冒頓大怒曰地者國之本也奈何予之諸言予之者皆斬之冒頓

上馬令國中有後者斬遂東襲擊東胡東胡初輕冒頓不爲備及冒頓以兵至擊大破滅東胡王而虜其民人及畜産既歸西擊走月氏南并樓煩白羊河南王索隱曰如淳曰白羊王居河南侵燕代悉復收秦所使蒙恬所奪匈奴地者與漢關故河南塞至朝那膚施徐廣曰在上郡○正義曰漢朝那故城在原州百泉縣西七十里屬安定郡膚施縣秦因不改今延州膚施縣是遂侵燕代是時漢兵與項羽相距中國罷於兵革以故冒頓得自彊控弦之士三十餘萬自淳維以至頭曼千有餘歲時大時小別散分離尚矣其世傳不可得而次云然至冒頓

而匈奴最彊大盡服從北夷而南與中國爲敵國其世傳國官號乃可得而記云置左右賢王左右谷蠡王服虔曰谷音鹿蠡音離○索隱曰蠡又音黎左右大將左右大都尉左右大當戶左右骨都侯骨都異姓大臣○索隱曰裴氏所引據後漢書下呼衍注亦然匈奴謂賢曰屠耆徐廣曰屠一作諸故常以太子爲左屠耆王自如左右賢以下至當戶大者萬騎小者數千凡二十四長立號曰萬騎諸大臣皆世官呼衍氏呼衍氏須卜氏常與單于婚姻蘭氏正義曰顏師古云呼衍即今鮮卑姓呼延者也蘭姓今亦有之其後有須卜氏須卜氏主獄訟○正義曰後漢書云呼衍氏須卜氏常與單于婚姻此三姓其貴種也諸左方王

將居東方直上谷索隱曰案姚氏云古字例以直爲值値者當也○正義曰上谷郡今嬀州也言匈奴東方南出直當嬀州也以往者東接穢貉朝鮮右方王將居西方直上郡正義曰上郡故城在涇州上縣東南五十里言匈奴西方南直當綏州也以西接月氏氐羌索隱曰案風俗通云氐本西南夷種地理志武都有白馬氐又魚豢魏略云漢置武都郡排其種人分竄山谷或號青氐或號白氐纂文云氐亦羌稱說文云羌西方牧羊人續漢書云羌三苗姜姓之別舜徙于三危今阿關之西南羌是也而單于之庭直代雲中索隱曰案謂匈奴所都處爲庭樂彥云單于無城郭不知何以國之穹廬前地若庭故云庭○正義曰代郡城北狄代國秦漢代縣城也在蔚州羌胡縣北百五十里雲中故城趙雲中城秦雲中郡在勝州榆林縣東北四十里言匈奴之南直當代雲中也各有分地逐水草移徙而左右賢王左右谷蠡王最爲大國左右骨都侯輔政諸二十四長亦各自置千長百長什長索隱曰案續漢書郡國志云里有魁又有什伍里魁掌一里百家什主十家伍長五家以相檢察故賈誼過秦論以爲俛起什百之中是也裨小王相封徐廣曰一作將都尉當户且渠之屬正義曰且子餘反顏師古云今之沮渠姓蓋本因此官歲正月諸長小會單于庭祠五月大會龍城索隱曰漢書作龍城亦作蘢字崔浩云西方胡皆事龍神故名大會處爲龍城後漢書云匈奴俗歲有三龍祠祭天神祭其先天地鬼神秋馬肥大會蹛林漢書音義曰匈奴秋社八月中皆會祭處蹛音帶○索隱曰鄭氏云蹛林地名也晉灼曰李陵與蘇武書云相競趍蹛林則服虔說是也又韋昭音多藍反姚氏案李牧傳大破匈奴滅襜襤此字與韋昭音頗同然林襤聲相近或以林爲襤也○正義曰顏師古云蹛者遶林木而祭也鮮卑之俗自古相傳秋祭无林木者尚豎柳枝衆騎馳遶三周乃止此其遺法也課校人畜正義曰許又反計其法拔刃尺者死坐盜者沒

入其家有罪小者軋漢書音義曰刃刻其面。索隱曰軋音烏八反鄧展云軋歷也如淳云撾杖也三蒼云軋輾也說文云輾轢也。正義曰顏師古云軋者謂輾轢其骨節若今之厭踝者也大者死獄久者不過十日一國之囚不過數人而單于朝出營拜日之始生夕拜月其坐長左而北鄉正義曰其座北向長者在左以左為尊也日上戊己其送死有棺槨金銀衣裘而無封樹喪服張華曰匈奴名冢曰逗落近幸臣妾從死者多至數千百人正義曰漢書作數十百人顏師古云或數十人或百人舉事而候星月月盛壯則攻戰月虧則退兵其攻戰斬首虜賜一卮酒而所得鹵獲因以予之得人以為奴婢故其戰人人自為趣利善為誘兵

以冒敵故其見敵則逐利如鳥之集其困敗則瓦解雲散矣戰而扶輿死者盡得死者家財後北服渾庾屈射丁零索隱曰魏略云丁零在康居北去匈奴庭接習水七千里又云匈奴北有渾窳國射音亦又音石鬲昆薪犂之國正義曰已上五國在匈奴北於是匈奴貴人大臣皆服以冒頓單于為賢是時漢初定中國徙韓王信於代都馬邑匈奴大攻圍馬邑韓王信降匈奴匈奴得信因引兵南踰句注攻太原至晉陽下高帝自將兵往擊之會冬大寒雨雪卒之墮指者十二三於是冒頓詳敗走誘漢兵漢兵逐擊冒頓冒頓匿其精兵見其

羸弱於是漢悉兵多步兵三十二萬北逐之高帝先至平城 徐廣曰在鴈門 步兵未盡到冒頓縱精兵四十萬騎圍高帝於白登 正義曰白登臺在白登山上朔州定襄縣東三十里定襄縣漢平城縣也 七日漢兵中外不得相救餉匈奴騎其西方盡白馬東方盡青駹馬 索隱曰駹音武江反案青駹青色馬也○正義曰鄭玄云駹不純也說文云駹面顙皆白爾雅云黑馬面白也 北方盡烏驪馬 索隱曰說文云驪黑色 南方盡騂馬 索隱曰案詩傳曰赤黃曰騂 高帝乃使使間厚遺閼氏閼氏乃謂冒頓曰兩主不相困今得漢地而單于終非能居之也且漢王亦有神單于察之冒頓與韓王信之將王黃趙利期而

黃利兵又不來疑其與漢有謀亦取閼氏之言乃解圍之一角於是高帝令士皆持滿傅矢外鄉 索隱曰傅音附 從解角直出竟與大軍合而冒頓遂引兵而去漢亦引兵而罷使劉敬結和親之約是後韓王信爲匈奴將及趙利王黃等數倍約侵盜代雲中居無幾何陳豨反又與韓信合謀擊代漢使樊噲往擊之復拔代鴈門雲中郡縣不出塞是時匈奴以漢將衆往降故冒頓常往來侵盜代地於是漢患之高帝乃使劉敬奉宗室女公主爲單于閼氏歲奉匈奴絮繒酒米食

物各有數約爲昆弟以和親冒頓乃少止後燕王盧綰反率其黨數千人降匈奴往來苦上谷以東高祖崩孝惠呂太后時漢初定故匈奴以驕冒頓乃爲書遺高后妄言高后欲擊之（索隱曰案漢書云高后時冒頓寖驕乃使使遺高后書曰孤僨之君生於沮澤之中長於平野牛馬之域數至邊境願遊中國陛下獨立孤僨獨居兩主不樂無以自娛願以所有易其所無高后怒欲擊之）諸將曰以高帝賢武然尚困於平城於是高后乃止（索隱曰案漢書季布諫高后乃止）復與匈奴和親至孝文帝初立復脩和親之事其三年五月匈奴右賢王入居河南地侵盜上郡葆塞蠻夷殺略人民於是孝文帝詔丞相灌嬰發車騎八萬五千詣高奴（正義延州城本漢高奴縣舊都）擊右賢王右賢王走出塞文帝幸太原是時濟北王反文帝歸罷丞相擊胡之兵其明年單于遺漢書曰天所立匈奴大單于敬問皇帝無恙前時皇帝言和親事稱書意合歡漢邊吏侵侮右賢王右賢王不請聽後義盧侯難氏（徐廣曰音支。索隱曰匈奴將名也）等計與漢吏相距絕二主之約離兄弟之親皇帝讓書再至發使以書報不來漢使不至漢以其故不和鄰國不附今以小吏之敗約故罰右賢王使之西求月氏擊之以天之福吏卒

良馬彊力以夷滅月氏盡斬殺降下之定樓蘭徐廣曰一云樓湟○正義曰漢書云鄯善國名樓蘭去長安一千六百里也烏孫呼揭音桀○索隱曰又音丘列反○正義曰揭音桀又其例反二國皆在瓜州西北烏孫戰國時居瓜州及其旁二十六國皆以爲匈奴索隱曰案謂皆已入匈奴國也諸引弓之民幷爲一家北州已定願寢兵休士卒養馬除前事復故約以安邊民以應始古使少者得成其長老者安其處世世平樂未得皇帝之志也故使郎中係雩淺奉書雩音火胡反○索隱曰係音計雩漢書作雽請獻槖他一匹騎馬二匹駕二駟正義曰顔師古云駕可駕車也駟八疋馬也皇帝即不欲匈奴近塞則且詔吏民遠舍使者至即

遣之以六月中來至薪望之地漢書音義曰塞下地名○索隱曰服虔云漢界上塞下之地今匈奴使至於此也書至漢議擊與和親孰便公卿皆曰單于新破月氏乘勝不可擊且得匈奴地澤鹵正義曰上音息非可居也和親甚便漢許之孝文皇帝前六年漢遺匈奴書曰皇帝敬問匈奴大單于無恙使郎中係雩淺遺朕書曰右賢王不請聽後義盧侯難氏等計絕二主之約離兄弟之親漢以故不和鄰國不附今以小吏敗約故罰右賢王使西擊月氏盡定之願寢兵休士卒養馬除前事復故約以安邊民使少者得成

其長老者安其處世世平樂朕甚嘉之此古聖主之意也漢與匈奴約爲兄弟所以遺單于甚厚倍約離兄弟之親者常在匈奴然右賢王事已在赦前單于勿深誅單于若稱書意明告諸吏使無負約有信敬如單于書使者言單于自將伐國有功甚苦兵事服繡袷綺衣繡袷長襦徐廣曰一本無袷字○索隱曰案小顏云服者言天子自所服也以繡爲表綺爲裏以賜冒頓字林云袷衣無絮也音公洽反錦袷袍各一比余一徐廣曰或作䟽比也○索隱曰案漢書作比疎一比音鼻小顏云辮髮之飾也以金爲之廣雅云比櫛也蒼頡篇云靡者爲比麤者爲梳蘇林云今亦謂之梳黃金飾具帶一漢書音義曰要中大帶黃金胥紕一徐廣曰或作犀毗而無一字○索隱曰漢書見作犀毗此作胥者犀聲相近或誤張晏云鮮卑郭落帶瑞獸名也東胡好服之戰国策云趙武靈王賜周紹具帶黃金師比延篤云胡革帶鉤也則此帶鉤亦名師比則胥犀與師並相近而說各異耳班固與竇憲牋云賜犀比金頭帶是也繡十匹錦三十匹赤綈正義曰音啼索隱曰案說文云綈厚繒也綠繒各四十匹使中大夫意謁者令肩遺單于後頃之冒頓死子稽粥立索隱曰稽音雞粥音育號曰老上單于老上稽粥單于初立徐廣曰一云稽粥第二單于自後皆以第別之孝文皇帝復遣宗室女公主爲單于閼氏使宦者燕人中行說正義曰行音胡郎反中行姓說名也傅公主說不欲行漢彊使之說曰必我行也爲漢患者中行說既至因降單于單于甚親幸之初匈奴好漢繒絮

食物中行説曰匈奴人衆不能當漢之一郡然所以彊者以衣食異無仰於漢也今單于變俗好漢物漢物不過什二則匈奴盡歸於漢矣韋昭曰言漢物十中之二入匈奴匈奴則動心歸漢矣其得漢繒絮以馳草棘中衣袴皆裂敝以示不如旃裘之完善也得漢食物皆去之以示不如湩酪之便美也湩乳汁也音都奉反○索隱曰字林云湩音竹用反穆天子傳云牛馬之湩且免人所具也於是説教單于左右疏記以計課其人衆畜物正義曰上許又反漢遺單于書牘以尺一寸辭曰皇帝敬問匈奴大單于無恙所遺物及言語云云中行説令單于遺漢書以尺二寸牘及印封皆令廣大長倨傲其辭曰天地所生日月所置匈奴大單于敬問漢皇帝無恙所以遺物言語亦云云漢使或言曰匈奴俗賤老中行説窮漢使曰而漢俗屯戍從軍當發者其老親豈有不自脱温厚肥美以齎送飲食行戍乎漢使曰然中行説曰匈奴明以戰攻爲事其老弱不能鬭故以其肥美飲食壯健者蓋以自爲守衛如此父子各得久相保何以言匈奴輕老也漢使曰匈奴父子乃同穹廬而卧漢書音義曰穹廬旃帳父死妻其後母兄弟死盡取其妻妻之

無冠帶之飾闕庭之禮中行說曰匈奴之俗人食畜肉飲其汁衣其皮畜食草飲水隨時轉移故其急則人習騎射寬則人樂無事其約束輕易行也君臣簡易一國之政猶一身也父子兄弟死取其妻妻之惡種姓之失也故匈奴雖亂必立宗種今中國雖詳不取（索隱曰詳漢書作陽此亦音羊）其父兄之妻親屬益疏則相殺至乃易姓皆從此類且禮義之敝上下交怨望而室屋之極生力必屈（索隱曰以言棟宇室屋之作人盡極其力以營其生至於氣力屈竭也屈音其物反）夫力耕桑以求衣食築城郭以自備故其民急則不習戰

功緩則罷於作業嗟土室之人顧無多辭令喋喋（音諜利口也）而佔佔（昌占反衣裳貌）冠固何當（言雖復著冠固何當所益○索隱曰鄧展曰佔囁耳語服虔曰口舌爲喋如淳曰汝漢人多口居室中固自宜着冠且不足貴也小顏云言漢人且當思念無爲喋喋佔佔耳雖自謂着冠何所當益也）自是之後漢使欲辯論者中行說輒曰漢使無多言顧漢所輸匈奴繒絮米糱令其量中必善美而已矣何以爲言乎且所給備善則已不備苦惡（韋昭曰苦麤也音若靡盬之盬）則候秋孰以騎馳蹂而稼穡耳（徐廣曰蹂音而九反）日夜教單于候利害處漢孝文皇帝十四年匈奴單于十四萬騎入朝那蕭關殺北地都尉卬（徐廣曰姓孫其子單封爲缾侯白丁反索隱曰）

卬音五郎反虜人民畜産甚多遂至彭陽徐廣曰在安定。正義曰城字誤也括地志云彭城故城在涇州臨城縣東二十里案彭城在嫣州與北地郡甚遠明非彭城也使奇兵入燒回中宮索隱曰服虔云回中在北地武帝作宮始皇本紀三十七年巡雞頭山過回中武帝元封四年通回中道。正義曰括地志云秦回中宮在岐州雍縣西四十里即匈奴所燒者也候騎至雍甘泉索隱曰崔浩云候邏騎。正義曰括地志云雲陽也秦之林光宮漢之甘泉在雍州雲陽西北八十里秦始皇作甘泉宮去長安三百里望見長安秦皇帝以來祭天圜兵處於是文帝以中尉周舍郎中令張武為將軍發車千乘騎十萬軍長安旁以備胡寇而拜昌侯盧卿為上郡將軍索隱曰案表盧作旅古今字異耳甯侯魏遬為北地將軍隆慮侯周竈為隴西將軍東陽侯張相如為大將軍成侯董赤正義曰赤音赫為前將軍大發車騎往擊胡徐廣曰內史欒布亦為將軍單于留塞內月餘乃去漢逐出塞即還不能有所殺匈奴日已驕歲入邊殺略人民畜產甚多雲中遼東最甚至代郡萬餘人漢患之乃使使遺匈奴書單于亦使當戶報謝復言和親事孝文帝後二年使使遺匈奴書曰皇帝敬問匈奴大單于無恙使當戶且居雕渠難索隱曰漢書作且渠匈奴官號樂彥云當戶且渠各自一官雕渠難為此官也。正義曰雕渠難者其姓名也且子余反郎中韓遼遺朕馬二匹已至敬受先帝制長城以北引弓之國受命單于長城以內冠帶之室朕

亦制之使萬民耕織射獵衣食父子無離臣主相安俱無暴逆今聞渫惡民貪降其進取之利倍義絶約忘萬民之命離兩主之驩然其事已在前矣書曰二國已和親兩主驩說寢兵休卒養馬世世昌樂闟然更始（徐廣曰闟音翕安定意也）朕甚嘉之聖人者日新改作更始使老者得息幼者得長各保其首領而終其天命朕與單于俱由此道順天恤民世世相傳施之無窮天下莫不咸便漢與匈奴鄰國之敵匈奴處北地寒殺氣早降故詔吏遺單于秫櫱金帛絲絮佗物歲有數今

天下大安萬民熙熙朕與單于爲之父母朕追念前事薄物細故謀臣計失皆不足以離兄弟之驩朕聞天不頗覆地不偏載朕與單于皆捐往細故俱蹈大道墮壞前惡以圖長久使兩國之民若一家子元元萬民下及魚鼈上及飛鳥跂行喙息蠕動之類（索隱曰案跂音岐又音企言蟲鳥之類或以踵而行或以喙而息皆得其安也三蒼云蠕蠕動貌音軟淮南云昆蟲蠕動也）莫不就安利而辟危殆故來者不止天之道也俱去前事朕釋逃虜民單于無言章尼等（索隱曰案文帝云我今日並釋放彼國逃亡虜遣之歸本國汝單于無得更以言詞訴於章尼等責其違逃也）朕聞古之帝王約分明而無

食言單于留志天下大安和親之後漢過不先
單于其察之單于既約和親於是制詔御史曰
匈奴大單于遺朕書言和親已定亡人不足以
益衆廣地匈奴無入塞漢無出塞犯今約者殺
之可以久親後無咎俱便朕已許之其布告天
下使明知之後四歲老上稽粥單于死子軍臣
立爲單于既立徐廣曰後元三年立孝文皇帝復與匈奴和
親而中行說復事之軍臣單于立四歲徐廣曰孝文後元七
年崩而二年荅單于書其間五年而此云後四年又立四歲數不容爾也孝文後六年冬匈奴入上郡雲中也匈奴
復絶和親大入上郡雲中各三萬騎所殺略甚

衆而去於是漢使三將軍軍屯北地代屯句注
趙屯飛狐口緣邊亦各堅守以備胡寇又置三
將軍軍長安西細柳渭北棘門霸上以備胡胡
騎入代句注邊烽火通於甘泉長安數月漢兵
至邊匈奴亦去遠塞漢兵亦罷後歲餘孝文帝
崩孝景帝立而趙王遂乃陰使人於匈奴吳楚
反欲與趙合謀入邊漢圍破趙匈奴亦止自是
之後孝景帝復與匈奴和親通關市給遺匈奴
遣公主如故約終孝景時時小入盜邊無大寇
武帝即位明和親約束厚遇通關市饒給之匈

奴自單于以下皆親漢往來長城下漢使馬邑下人聶翁壹（索隱曰衞青傳唯稱聶壹故顔氏云壹名也老故稱翁義或然也）姧蘭（姧音干蘭犯禁私出物也）出物與匈奴交（漢書音義曰私出塞與匈奴交市）詳爲賣馬邑城以誘單于單于信之而貪馬邑財物乃以十萬騎入武州塞（索隱曰蘇林云在鴈門也）漢伏兵三十餘萬馬邑旁御史大夫韓安國爲護軍護四將軍以伏單于單于既入漢塞未至馬邑百餘里見畜布野而無人牧者怪之乃攻亭是時鴈門尉史行徼（索隱曰如淳云近塞郡皆置尉百里一人士史尉史各二人也）見寇葆此亭知漢兵謀單于得欲殺之（徐廣曰一云乃下具告單于）尉史乃告單于漢兵所居單于大驚曰吾固疑之乃引兵還出曰吾得尉史天也天使若言以尉史爲天王漢兵約單于入馬邑而縱單于不至以故漢兵無所得漢將軍王恢部出代擊胡輜重聞單于還兵多不敢出漢以恢本造兵謀而不進斬恢（韓長孺傳曰恢自殺）自是之後匈奴絕和親攻當路塞（索隱曰蘇林云直當田道之塞）往往入盜於漢邊不可勝數然匈奴貪尚樂關市嗜漢財物漢亦尚關市不絕以中之（正義曰如淳云得具以利中傷之）自馬邑軍後五年之秋漢使四將軍各萬騎擊胡關市下將軍衞青出

上谷至蘢城得胡首虜七百人公孫賀出雲中無所得公孫敖出代郡爲胡所敗七千餘人李廣出鴈門爲胡所敗而匈奴生得廣廣後得亡歸漢囚敖廣敖廣贖爲庶人其冬匈奴數入盜邊漁陽尤甚漢使將軍韓安國屯漁陽備胡其明年秋匈奴二萬騎入漢殺遼西太守略二千餘人胡又入敗漁陽太守軍千餘人圍漢將軍安國安國時千餘騎亦且盡會燕救至匈奴乃去匈奴又入鴈門殺略千餘人於是漢使將軍衞青將三萬騎出鴈門李息出代郡擊胡得首

虜數千人其明年衞青復出雲中以西至隴西擊胡之樓煩白羊王於河南得胡首虜數千牛羊百餘萬於是漢遂取河南地築朔方復繕故秦時蒙恬所爲塞因河爲固漢亦棄上谷之什音斗辟縣造陽地以予胡漢書音義曰言縣斗辟西近胡○索隱曰辟音僻造陽即斗辟縣中地○正義曰按曲幽辟縣入匈奴界者造陽地弃與胡也是歲漢之元朔二年也其後冬匈奴軍臣單于死軍臣單于弟左谷蠡王伊稚斜自立爲單于索隱曰稚音持利反斜音士嗟反斜鄒誕生音直牙反蓋稚斜胡人語近得其實攻破軍臣單于太子於單索隱曰單音丹於單亡降漢漢封單于爲涉安侯數月而死伊稚

斜單于既立其夏匈奴數萬騎入殺代郡太守恭及略千餘人其秋匈奴又入鴈門殺略千餘人其明年匈奴又復入代郡定襄正義曰括地志云定襄故城在朔州善陽縣北三百八十里地理志定襄郡高帝置也上郡各三萬騎殺略數千人匈奴右賢王怨漢奪之河南地而築朔方數為寇盜邊及入河南侵擾朔方殺略吏民甚衆其明年春漢以衛青為大將軍將六將軍十餘萬人出朔方高闕擊胡右賢王以為漢兵不能至飲酒醉漢兵出塞六七百里夜圍右賢王右賢王大驚脱身逃走諸精騎往往隨後去漢

得右賢王衆男女萬五千人裨小王十餘人其秋匈奴萬騎入殺代郡都尉朱英略千餘人其明年春漢復遣大將軍衛青將六將軍兵十餘萬騎乃再出定襄數百里擊匈奴得首虜前後凡萬九千餘級而漢亦亡兩將軍軍三千餘騎徐廣曰合有三千耳右將軍建正義曰蘇武父也得以身脱而前將軍翕侯趙信兵不利降匈奴趙信者故胡小王降漢漢封為翕侯以前將軍與右將軍并軍分行正義曰與大軍別行也獨遇單于兵故盡沒單于既得翕侯以為自次王正義曰自次者尊重次於單于用其姊妻之與謀漢信

教單于益北絕幕應劭曰幕沙幕匈奴之南界瓚曰沙土曰幕幕直度曰絕以誘罷漢兵徼極而取之索隱曰罷音疲徼要也謂要其疲極而取之○正義曰徼音古堯反徼要也要漢兵疲極則取之無近塞居止無近塞單于從其計其明年胡騎萬人入上谷殺數百人其明年春漢使驃騎將軍去病將萬騎出隴西過焉支山正義曰焉音烟括地志云焉支山一名刪丹山在甘州刪丹縣東南五十里西河故事云匈奴失祁連焉支二山乃歌曰亡我祁連山使我六畜不蕃息失我焉支山使我婦女無顏色其慜惜乃如此千餘里擊匈奴得胡首虜騎萬八千餘級破得休屠王祭天金人漢書音義曰匈奴祭天處本在雲陽甘泉山下秦奪其地後徙之休屠王右地故休屠有祭天金人象祭天人也○索隱曰韋昭云作金人以爲祭天主崔浩云胡祭以金人爲主今浮圖金人是也孟說恐不然案得休屠金人後置之於甘泉也○正義曰括地志云徑路祠神在雍州雲陽縣西北九十里甘泉山下本匈奴祭天處秦奪其地後徙休屠右地按金人即金佛像是其遺法立以爲祭天主也其夏驃騎將軍復與合騎侯數萬騎出隴西北地二千里擊匈奴過居延索隱曰韋昭曰張掖縣攻祁連山索隱曰西河舊事云山在張掖酒泉二界上東西二百餘里北百里有松栢五木美水草冬溫夏涼宜畜牧養匈奴失二山乃歌云亡我祁連山使我六畜不蕃息失我燕支山使我嫁婦無顏色祁連一名天山亦曰白山也得胡首虜三萬餘人裨小王以下七十餘人是時匈奴亦來入代郡鴈門殺略數百人漢使博望侯及李將軍廣出右北平擊匈奴右賢王右賢王圍李將軍卒可四千人且盡殺虜亦過當會博望侯軍救至李將軍得脫漢失亡數

千人合騎侯後驃騎將軍期及與博望侯皆當死贖爲庶人其秋單于怒渾耶王休屠王居西方爲漢所殺虜數萬人欲召誅之渾耶王與休屠王恐謀降漢徐廣曰元狩二年也漢使驃騎將軍往迎之渾耶王殺休屠王并將其衆降漢凡四萬餘人號十萬於是漢已得渾邪王則隴西北地河西益少胡寇徙關東貧民處所奪匈奴河南新秦中以實之索隱曰如淳云在長安以北朔方以南漢書食貨志云徙貧民充朔方以南新秦中是也○正義曰服虔云地名在北地廣六七百里長安北朔方南史記以爲秦始皇遣蒙恬斥逐北故得肥饒之地七百里徙內郡人民皆往充實之號曰新秦中也而減北地以西戍卒半其明

年匈奴入右北平定襄各數萬騎殺略千餘人而去其明年春漢謀曰翕侯信爲單于計居幕北以爲漢兵不能至乃粟馬發十萬騎負私從正義曰謂負擔衣粮私募從者凡十四萬疋馬凡十四萬匹糧重不與焉令大將軍青驃騎將軍去病中分軍大將軍出定襄驃騎將軍出代咸約絕幕擊匈奴匈奴單于聞之遠其輜重以精兵待於幕北與漢大將軍接戰一日會暮大風起漢兵縱左右翼圍單于單于自度戰不能如漢兵單于遂獨身與壯騎數百潰漢圍西北遁走漢兵夜追不得行斬

捕匈奴首虜萬九千級北至闐顔山趙信城而還（如淳曰信前降匈奴匈奴築城居之）單于之遁走其兵往往與漢兵相亂而隨單于單于久不與其大衆相得其右谷蠡王以爲單于死乃自立爲單于眞單于復得其衆而右谷蠡王乃去其單于號復爲右谷蠡王漢驃騎將軍之出代二千餘里與左賢王接戰漢兵得胡首虜凡七萬餘級左賢王將皆遁走驃騎封於狼居胥山禪姑衍臨翰海而還（如淳曰翰海北海名○正義曰按翰海自一大海名羣鳥解羽伏乳於此因名也）是後匈奴遠遁而幕南無王庭漢度河自朔方以西至令居（徐廣曰在金城○索隱曰地理志云張掖令居縣姚氏令音連小顔音零）往往通渠置田官吏卒五六萬人稍蠶食地接匈奴以北（正義曰匈奴舊以幕爲王庭今遠徙幕北更蚕食之漢境連接匈奴舊地以北也）初漢兩將軍大出圍單于所殺虜八九萬而漢士卒物故亦數萬（索隱曰案釋名云漢以來謂死爲物故就朽故也又魏臺訪議高堂崇對曰聞之先師物無也故事也言無復所能於事者也）漢馬死者十餘萬匈奴雖病遠去而漢亦馬少無以復往匈奴用趙信之計遣使於漢好辭請和親天子下其議或言和親或言遂臣之丞相長史任敞曰匈奴新破困宜可使爲外臣朝請於邊漢使任敞於單于單于聞敞計大怒

留之不遣先是漢亦有所降匈奴使者單于亦輒留漢使相當漢方復收士馬會驃騎將軍去病死於是漢久不北擊胡數歲伊稚斜單于立十三年死子烏維立爲單于是歲漢元鼎三年也烏維單于立而漢天子始出巡郡縣其後漢方南誅兩越正義曰南越東越不擊匈奴匈奴亦不侵入邊烏維單于立三年漢已滅南越遣故太僕賀將萬五千騎出九原二千餘里至浮苴井而還索隱曰苴音子餘反臣瓚云去九原二千里見漢輿地圖不見匈奴一人漢又遣故從驃侯趙破奴萬餘騎出令居數千里至匈

奴河水而還索隱曰臣瓚云河水名去令居千里亦不見匈奴一人是時天子巡邊至朔方勒兵十八萬騎以見武節而使郭吉風告單于郭吉既至匈奴匈奴主客韋昭曰主使來客官也○正義官名若鴻臚卿問所使郭吉禮卑言好曰吾見單于而口言單于見吉吉曰南越王頭已縣於漢北闕今單于能即前與漢戰天子自將兵待邊單于即不能即南面而臣於漢何徒遠走亡匿於幕北寒苦無水草之地毋爲也語卒而單于大怒立斬主客見者而留郭吉不歸遷之北海上正義曰北海即上海也蘇武亦遷也而單于終不肯爲寇

於漢邊休養息士馬習射獵數使使於漢好辭甘言求請和親漢使王烏等窺匈奴匈奴法漢使非去節而以墨黥其面者不得入穹廬王烏北地人習胡俗去其節黥面得入穹廬單于愛之詳許甘言爲遣其太子入漢爲質正義音致以求和親漢使楊信於匈奴是時漢東拔穢貉朝鮮以爲郡正義曰即玄菟樂浪二郡而西置酒泉郡正義曰今肅州以鬲絶胡與羌通之路漢又西通月氏大夏正義曰漢書西域傳云大月氏國去長安城萬一千六百里本居燉煌祁連間冒頓單于破月氏而老上單于殺月氏王以頭爲飲器月氏乃遠去過大宛而擊大夏而臣之都嬀水北爲王庭也又以公主妻烏孫王以分

匈奴西方之援國又北益廣田至胘靁爲塞漢書音義曰胘靁地名在烏孫北而匈奴終不敢以爲言是歲翕侯信死漢用事者以匈奴爲已弱可臣從也楊信爲人剛直屈彊素非貴臣單于不親單于欲召入不肯去節單于乃坐穹廬外見楊信楊信既見單于說曰即欲和親以單于太子爲質於漢單于曰非故約故約漢常遣公主給繒絮食物有品以和親而匈奴亦不擾邊今乃欲反古令吾太子爲質無幾矣正義曰幾音記言反古無所冀望也匈奴俗見漢使非中貴人其儒先先先生也漢書作儒生也以爲欲說折

使留匈奴者前後十餘輩而匈奴使來漢亦輒留相當是歲漢使貳師將軍廣利西伐大宛而令因杅（正義曰音于）將軍敖築受降城其冬匈奴大雨雪畜多飢寒死兒單于年少好殺伐國人多不安左大都尉欲殺單于使人閒告漢曰我欲殺單于降漢漢遠即兵來迎我我即發初漢聞此言故築受降城猶以爲遠其明年春漢使浞野侯破奴將二萬餘騎出朔方西北二千餘里期至浚稽山而還（索隱曰應劭云在武威縣北）浞野侯既至期而還左大都尉欲發而覺單于誅之發左方兵

擊浞野浞野侯行捕首虜數千人還未至受降城四百里匈奴兵八萬騎圍之浞野侯夜自出求水匈奴閒捕生得浞野侯因急擊其軍軍中郭縱爲護維王爲渠（正義曰爲渠帥也）相與謀曰及諸校尉畏亡將軍而誅之莫相勸歸軍遂没於匈奴匈奴兒單于大喜遂遣奇兵攻受降城不能下乃寇入邊而去其明年單于欲自攻受降城未至病死兒單于立三歲而死子年少匈奴乃立其季父烏維單于弟右賢王呴（音鉤又音吁）犁湖爲單于是歲太初三年也呴犁湖單于立漢使光禄

其辯其少年以爲欲剌折其氣每漢使入匈奴匈奴輒報償漢留匈奴使匈奴亦留漢使必得當乃肯止楊信既歸漢使王烏而單于復讇以甘言欲多得漢財物紿謂王烏曰吾欲入漢見天子面相約爲兄弟王烏歸報漢漢爲單于築邸于長安匈奴曰非得漢貴人使吾不與誠語匈奴使其貴人至漢病漢予藥欲愈之不幸而死而漢使路充國佩二千石印綬往使因送其喪厚葬直數千金曰此漢貴人也單于以爲漢殺吾貴使者乃留路充國不歸諸所言者單于

特空紿王烏殊無意入漢及遣太子來質於是匈奴數使奇兵侵犯邊漢乃拜郭昌爲拔胡將軍及浞野侯（徐廣曰趙破奴）屯朔方以東備胡路充國留匈奴三歲單于死烏維單于立十歲而死子烏師廬（徐廣曰烏一作詹）立爲單于年少號爲兒單于是歲元封六年也自此之後單于益西北左方兵直雲中右方直酒泉燉煌郡（正義曰括地志云鐵勒國匈奴冒頓之後在突厥國北樂勝州經秦長城大莽長路正北經砂磧十三日行至其國）兒單于立漢使兩使者一弔單于一弔右賢王欲以乖其國使者入匈奴匈奴悉將致單于單于怒而盡留漢使漢

徐自為出五原塞正義曰即五原郡榆林塞也在勝州榆林縣四十里也數百
里遠者千餘里築城鄣列亭正義曰顧胤云鄣山中小城亭候望所居也
至盧朐音衢匈奴地名又山名○正義曰括地志云五原郡相陽縣北出石門鄣得光祿城又西北得支就
縣又西北得頭曼城又西北得牢城河又西北得宿虜城按即築城鄣列亭至盧朐也服虔云盧朐匈奴地名也張晏云山
名也而使游擊將軍韓說長平侯衛伉屯其旁使
彊弩都尉路博德築居延澤上正義曰括地志云漢居延縣故城在甘
州張掖縣東北千五百三十里有漢遮虜鄣強弩尉路博德之所築李陵敗與士衆期至遮虜鄣即此也長老傳云鄣北
百八十里直居延之西北是李陵戰地也其秋匈奴大入定襄雲中殺略
數千人敗數二千石而去行破壞光祿所築城
列亭鄣又使右賢王入酒泉張掖略數千人會

任文擊救漢書音義曰漢將也盡復失所得而去是歲貳
師將軍破大宛斬其王而還匈奴欲遮之不能
至其冬欲攻受降城會單于病死呴犂湖單于
立一歲死匈奴乃立其弟左大都尉且鞮侯為
單于索隱曰且音子餘反鞮音低漢既誅大宛威震外國天子
意欲遂困胡乃下詔曰高皇帝遺朕平城之憂
高后時單于書絕悖逆昔齊襄公復百世之讎
春秋大之公羊傳曰九世猶可以復讎乎雖百世可知也是歲太初四年也
且鞮侯單于既立盡歸漢使之不降者路充國
等得歸單于初立恐漢襲之乃自謂我兒子安

敢望漢天子漢天子我丈人行也正義曰胡郎反漢遣
中郎將蘇武厚幣賂遺單于單于益驕禮甚倨
非漢所望也其明年浞野侯破奴得亡歸漢其
明年漢使貳師將軍廣利以三萬騎出酒泉擊
右賢王於天山正義曰在伊州得胡首虜萬餘級而還
匈奴大圍貳師將軍幾不脫漢兵物故什六七
漢復使因杅將軍敖出西河與彊弩都尉會涿
涂山徐廣曰涂音邪○索隱曰涿音卓涂音以奢反○正義曰匈奴中山也毋所得又
使騎都尉李陵將步騎五千人出居延北千餘
里與單于會合戰陵所殺傷萬餘人兵及食盡

欲解歸匈奴圍陵陵降匈奴其兵遂沒得還者
四百人單于乃貴陵以其女妻之後二歲復使貳
師將軍將六萬騎步兵十萬出朔方彊弩都尉
路博德將萬餘人與貳師會游擊將軍說將步
騎三萬人出五原因杅將軍敖將萬騎步兵三
萬人出鴈門匈奴聞悉遠其累重於余吾水北
徐廣曰余一作斜音邪○索隱曰山海經云北鮮之山鮮水出焉北流注余吾○正義曰累力為反重丈用反而
單于以十萬騎待水南與貳師將軍接戰貳師
乃解而引歸與單于連戰十餘日貳師聞其家
以巫蠱族滅因并衆降匈奴徐廣曰案史記將相年表及漢書征和二年巫

蠱始起三年廣利與商丘成出擊胡軍敗乃降得來還千人一兩人耳正義曰自此以下上至貳師聞其家非天漢四年事以錯悞人所知游擊說無所得因杅數與左賢王戰不利引歸是歲徐廣曰天漢四年漢兵之出擊匈奴者不得言功多少功不得御正義曰御音語其功不得相御當也有詔捕太醫令隨但言貳師將軍家室族滅使廣利得降匈奴索隱曰漢書云明年且鞮死長子狐鹿姑單于立張晏云自狐鹿姑單于已下皆劉向褚先生所録班彪又撰而次之所以漢書匈奴傳有上下兩卷

太史公曰孔氏著春秋隱桓之間則章至定哀之際則微索隱曰案韓國要禮云仲尼仕於定哀故其著春秋不切論當世而微其詞也爲其切當世之文而罔褎忌諱之辭也索隱曰案罔者無也謂無

其實而褎之是也忌諱當代故也世俗之言匈奴者患其徼一時權徐廣曰徼音皎○索隱曰徼音工堯反言求一時權寵也劉伯莊音叫徐音皎皆非也而務讇納其說索隱曰說音稅以便偏指不參索隱曰案謂說者謀匈奴皆患其直徼求一時權幸但務諂進其說以自便其偏指不參詳終始利害也彼巳將率詩云彼巳之子○索隱曰彼巳者猶詩人譏詞云彼巳之子是也將率則指樊噲衞霍等也席中國廣大氣奮人主因以決策是以建功不深堯雖賢興事業不成得禹而九州寧正義曰言堯雖賢聖不能獨理得禹而九州安寧以刺武帝不能擇賢將相而務諂納小人浮說多伐匈奴故壞齊民故太史公引禹聖成其太平以攻當代之罪且欲興聖統唯在擇任將相哉唯在擇任將相哉

索隱述贊曰

玁狁葷粥　居于北邊　既稱夏裔
式憬周篇　頗隨畜牧　屢擾塵煙
爰自頓冒　尤聚控弦　雖空帑藏
未盡中權

匈奴列傳第五十　史記一百十